LES

TENTATIONS D'ANTOINETTE

VAUDEVILLE EN CINQ ACTES,

De MM. CLAIRVILLE et Jules CORDIER,

Représenté pour la première fois, à Paris, sur le théâtre du GYMNASE, le 29 Novembre 1850.

PERSONNAGES.	ACTEURS.
MORISSET, notaire	MM. MONVAL.
JOLI-CŒUR, hussard	GEOFFROY.
BRIN-D'AMOUR, idem	LAFONTAINE.
LA TULIPE, idem	DUPEYRON.
LA RIPAILLIÈRE, procureur	VILLARS.
RAVINET, huissier	ANTONIN.
BANCELIN, pâtissier traiteur	CH. LINGUET.
MADAME GERVAIS	Mmes MÉLANIE.
TOINON	WOLF.
ANTOINETTE	A. LUTHER.
PHLIPOTTE	HENRIETTE.
ÉTIENNETTE	FLORENCE.
BERNARDINE	HÉLOÏSE.

Hussards, danseurs, grisettes, modistes, garçons traiteurs, clercs de notaire, etc.

La scène se passe en 177.*

S'adresser, pour la musique, à M. JUBIN, bibliothécaire et copiste, au Théâtre.

ACTE PREMIER.

L'intérieur d'une chaumière.

SCÈNE PREMIÈRE.

TOINON, ANTOINETTE.

(*Au lever du rideau, la scène est vide.*)

TOINON, *en dehors, appelant de droite.* Antoinette!

ANTOINETTE, *hors de vue, à gauche.* Que me veux-tu?

TOINON. Est-ce que tu t'es rendormie?

ANTOINETTE. Non, j'achevais ma prière...

TOINON. Je mets mon fichu et me voilà prête, dépêche-toi.

ANTOINETTE. Oui!..

TOINON, *chantant, hors de vue.*

PREMIER COUPLET.

Colinette, au bois s'en alla,
En sautillant par ci par là,
Tra la déridera, tra la déridera.
Un beau monsieur la rencontra,
Frisé par ci, poudré par là;
Tra la déridera, tra la déridera.

(*Elle entre en scène.*)

Parlé. Tiens! elle n'est pas descendue!.. (*Continuant l'air.*)

Fillette où courez-vous comm' ça?
Monsieur, j' vas dans c' petit bois-là,
Cueillir la noisette,
Tra la déridera, tra la déridera.

ANTOINETTE, *hors de vue.* Mais tais-toi donc!

TOINON.

N'y a pas d' mal à ça,
Colinette,
N'y a pas d' mal à ça.

(*Appelant.*) Antoinette!

ANTOINETTE, *paraissant du côté opposé.* Mon Dieu! me voilà! Que me veux-tu donc?

1850

TOINON. C' que j' te veux!.. en v'là une demande!.. Je gagerais que t'as dormi toute la nuit.

ANTOINETTE. Bien sûr, et bien tranquillement encore.

TOINON. Ah ben! cousine, faut avouer que t'es guère curieuse.

ANTOINETTE. Curieuse?

TOINON. Est-ce que ce n'est pas ce matin que la mère Gervais, not' marraine à toutes deux, doit nous donner connaissance de la grande nouvelle qu'elle a reçue de la grande ville, dans une grande lettre...

ANTOINETTE. Tiens, c'est vrai, je l'avais oublié.

TOINON. Une grande nouvelle, dans une grande lettre, et qui nous regarde!... moi, je n'ai pas fermé l'œil de toute la nuit.

Air l'*Avare et son ami.*

De l'horloge de not' village,
J'ai compté les heur's et les quarts;
Et jamais ses mouv'ments, je gage,
N'ont été si lents, si trainards,
Pour des heur's je prenais les quarts.
Aussi, je m' disais dans ma ruelle :
Peut-on marcher si douc'ment qu' ça!
On voit bien qu' cette horloge-là
N'attend pas une bonn' nouvelle.

ANTOINETTE. D'abord, rien ne prouve qu' la nouvelle soit bonne... Marraine a seulement dit : Mes enfants, levez-vous de bonne heure, demain dimanche, j'ai une grande nouvelle à vous apprendre.

TOINON. Eh bien! les grandes nouvelles, c'est toujours bon!... Si c'était un grand malheur, marraine n'aurait pas dit une grande nouvelle... Oh! je suis d'une impatience!.. j' vas réveiller marraine.

ANTOINETTE. Y penses-tu?

TOINON, *frappant à une petite porte au fond.* Marraine!.. marraine!

MÈRE GERVAIS, *en dehors.* Eh! mon Dieu! qu'y a-t-il?

TOINON. C'est moi, marraine, que je vous réveille pour vous rendre service, parce qu'il est tard, et que vous avez une grande nouvelle à nous apprendre de bonne heure.

MÈRE GERVAIS, *en dehors.* Ah! petite curieuse!.. attends... attends, je suis à toi.

ANTOINETTE. Vois-tu, elle est fâchée!

TOINON. Non, mais elle est réveillée, et elle va venir... Oh! mon cœur bat.

Air : *Dans ma chaumière.*

Qu'est-ce que ça peut être? (*bis.*)
Quel grand secret peut-elle avoir?
Au lend'main y n' faut jamais r'mettre
Une fill' qui demande à savoir
C' que ça peut être.

SCÈNE II.

LES MÊMES, MÈRE GERVAIS.

MÈRE GERVAIS. Et Antoinette aussi, déjà levée!

ANTOINETTE. C'est Toinon qui m'a réveillée.

MÈRE GERVAIS. Elle t'a réveillée.... elle m'a réveillée... Ah çà, mais elle réveille donc tout le monde?

TOINON. Eh bien! oui, là! j' suis curieuse!.. parlez vite, marraine, v'là vot' grand fauteuil.

MÈRE GERVAIS. Eh! mon Dieu! mes pauvres enfants, si je ne vous ai pas tout dit, hier soir, c'était pour ne pas vous empêcher de dormir.

TOINON. Vous avez joliment réussi... Voyons, marraine, je grille de savoir... ne me laissez pas griller.

MÈRE GERVAIS. Je vois bien qu'il faut vous satisfaire... (*Allant s'asseoir dans le fauteuil.*) Asseyez-vous, mes enfants... car mon récit sera peut-être un peu long.

ANTOINETTE. Oui, marraine!

TOINON. Nous y v'là.

MÈRE GERVAIS. Je vous ai parlé bien souvent de votre oncle Jérôme qui, lorsque vous étiez toutes petites, vous faisait sauter sur ses genoux.

ANTOINETTE. Ah! oui, un bien brave homme!

TOINON. Comment, marraine, vous allez encore nous raconter l'histoire de l'oncle Jérôme?.. mais je la sais par cœur... Il a joué, rue Quincampoix, à Paris, à un jeu qu'avait inventé un grand financier nommé Law; il a gagné beaucoup, beaucoup d'argent, puis il a fait sauter ses écus pour s'amuser... et puis nous ne l'avons plus revu... et puis... Eh bien! vous vous taisez, marraine?

MÈRE GERVAIS. Puisque c'est toi qui raconte...

TOINON. Moi? non... je vous écoute... Ah! marraine, c'est pas bien de nous faire attendre.

MÈRE GERVAIS. Curieuse et bavarde! Ah! Toinon... Toinon!..

TOINON. Je ne dirai plus rien... à votre tour.

MÈRE GERVAIS. C'était un grand scandale que cette banque de la rue Quincampoix... Votre oncle Jérôme y fit une immense fortune, et quand il se vit bien riche, bien riche.., il vous oublia... vous, ses nièces!.. Il voulut vivre à Paris dans un riche hôtel, au milieu de tous les plaisirs, et bientôt l'ancien cultivateur qui se portait si bien, qui était si gai quand il était pauvre, devint triste et malade; il passait tous ses jours à table, toutes ses nuits au jeu... Enfin, mes chères petites...., épuisé par la fatigue, par l'ambition, par les veilles et les excès, votre pauvre oncle vient de mourir à Paris.

ANTOINETTE. Mort!

TOINON. Notre oncle!

MÈRE GERVAIS. En vous laissant à chacune vingt mille livres de rente.

TOINON. Vingt mille livres de rente!

Air : *En vérité, je vous le dis.*

Cela me cause trop d'effet !
Je crois que j'en perdrai la tête !
Mais d'où vient donc, chère Antoinette,
Qu'en présence d'un tel bienfait
Ta gaîté ne soit pas plus vive ?

ANTOINETTE.

C'est que je sens au fond du cœur,
Que le bienfait qui nous arrive
Nous coûte notre bienfaiteur.

TOINON. T'as raison, Antoinette, c'est mal à moi d'être gaie comme ça ; mais aussi un héritage avec lequel on peut se croiser les bras...

MÈRE GERVAIS, *dépliant un papier.* Oh ! votre oncle a mis des conditions à ses libéralités...

TOINON. Des conditions?

MÈRE GERVAIS. Écoutez cette lettre que m'écrit, de Romainville, M. Morisset, le notaire de votre oncle : « Madame, au reçu de la présente, vous « devrez informer vos deux filleules de la mort « de leur oncle Jérôme, décédé en son hôtel, à « Paris, et leur enjoindre de partir à l'instant « même pour Romainville... C'est chez moi, c'est « dans mon étude, en présence de vos deux « filleules et de leur cousin, M. La Ripaillière, « que doit avoir lieu l'ouverture du testament...

TOINON. A Romainville !

MÈRE GERVAIS. C'est là que votre oncle est né et qu'il vivrait encore, sans la fortune qui l'a tué... Mais écoutez cette lettre jusqu'au bout. (*Lisant.*) « Monsieur Jérôme, en mourant, n'a pas voulu « que la fortune qui a fait son malheur fit aussi « le malheur de ses héritières... il ne veut enri- « chir que la sagesse et la bonne conduite. C'est « pourquoi toute sa fortune est léguée à ses deux « nièces, mais à la condition qu'à l'ouverture « du testament, elles auront toujours été sages... » Vous entendez?

ANTOINETTE. Oui, marraine.

TOINON. Pardine, ça va sans dire.

MÈRE GERVAIS, *continuant.* « Si l'une d'elles « avait commis une faute dont elle eût à rougir, « toute la fortune appartiendrait à celle qui serait « demeurée sage... dans le cas où toutes deux « en seraient indignes, la fortune reviendrait au « plus proche parent de Jérôme. »

TOINON. Ah ben ! si l' pauv' cher homme ou la pauv' chère femme compte là-dessus...

MÈRE GERVAIS. Ainsi donc, vous avez bien compris : point de sagesse, point d'héritage.

ANTOINETTE. Soyez tranquille, marraine.

MÈRE GERVAIS. Oh ! ce n'est point pour toi que je dis ça.

TOINON. Dites donc, mais si c'est pour moi.... c'est pas du tout honnête...

MÈRE GERVAIS. Jusqu'à ce jour élevées dans cette campagne et n'y voyant personne, vous avez été à l'abri de toutes les séductions ; mais vous allez avoir à traverser Paris... Paris! séjour de perdition pour l'innocence... Paris! rempli de piéges...

TOINON. De piéges à loup ?

MÈRE GERVAIS. De piéges pour les jeunes filles, tendus par les clercs de la bazoche, les jeunes seigneurs... les soldats... les commis...

ANTOINETTE. Ah ! mon Dieu !

MÈRE GERVAIS. Hélas ! il ne faut souvent que mettre les pieds dans cette ville, pour y laisser tout son bonheur... témoin l'histoire de la pauvre Jeannette.

TOINON. Jeannette?

MÈRE GERVAIS.

Air de la *Fiancée.*

Comme vous, mes enfants,
Sans amis, sans parents,
Et comme vous, fraîche et gentille,
Pour traverser Paris,
J'ai vu, de ce pays,
S'éloigner cette pauvre fille.
D'abord, les yeux baissés,
Marchant à pas pressés,
Sans même, par hasard,
Lancer un seul regard,
Elle se dépêchait,
Et tranquille, marchait,
Sans voir qu'un monsieur s'approchait.
— Bonjour, la belle enfant ;
Sans papa, sans maman
Qu'allons-nous faire par la ville ?
— Monsieur, laissez-moi donc
— Acceptez mon bras. — Non.
— Je vous suivrai. — C'est inutile.
Le brigand la saisit.
Elle crie !.. à ce bruit,
Un jeune homme, à l'instant
Terrasse le brigand !
Et comme elle tremblait,
Comme elle chancelait,
De son sauveur, hélas !
Elle accepta le bras.

TOINON. Oh! je rageais !.. c'est égal... le brigand a été terrassé tout de même... Ah ! quel brave jeune homme... que le jeune homme !.. Je l'aurais embrassé, moi.

MÈRE GERVAIS. Attends... attends !..

DEUXIÈME COUPLET.

— Belle, où vous rendez-vous?
Lui dit-il d'un air doux.
— Monsieur, je vais à Romainville.
— Tant mieux ; car franchement
C'est un chemin charmant !
Nous pourrons passer par Belleville.
Comme il était joli,
Comme il était poli,
Qu'il ne demandait rien,

Qu'il se conduisait bien,
Jeannette y consentit
Et petit à petit...
Ses forces revinrent, on partit.

Le jeune homme en chemin,
Souvent serrait sa main,
Elle soupirait en silence...
Les voilà tout à coup
Environnés partout
De chansons, de musique et de danse

Que de séductions !
Que de tentations !
Hélas ! elle accepta
Ce qu'on lui présenta,
Festins, jeux, bal surtout,
Bref! elle accepta tout...
C'est qu'il ne fallait pas
Même accepter son bras.

TOINON. Comment! ce bon jeune homme que je voulais embrasser: mais c'est un affreux gueux!

MÈRE GERVAIS. Ainsi, mes enfants, que l'exemple de cette jeune fille vous serve de leçon, et quand vous traverserez Paris, ne levez pas les yeux, ne vous arrêtez nulle part, n'acceptez aucun service, aucun secours, aucun cadeau surtout. J'ai préparé tout ce qui peut vous être utile; même des pommes et des noix si vous avez faim; et comme je ne puis vous accompagner à Romainville, j'ai chargé le père Benoît de vous y conduire, il va venir vous prendre.

TOINON. Ça m'est égal, mais je n'avais pas besoin de lui... Ah ! si j'en rencontre un qui me dise : Mam'selle, v'là mon bras... Je lui dirai, Monsieur... v'là ma main!.. oh! qué giffle !

ANTOINETTE. Eh bien ! moi, j'ai peur... le père Benoît, ce n'est pas un défenseur... et puis, nous présenter chez ce notaire, sans un parent...

MÈRE GERVAIS. Des parents ! mais vous n'en avez plus d'autres que le cousin La Ripaillière.

TOINON. Ah! oui, le procureur. Ce vieux cousin de Paris qui n'est jamais venu nous voir.

MÈRE GERVAIS. Patience ! maintenant que vous êtes riches, vous êtes bien sûres de recevoir sa visite. (*On frappe à la porte du fond.*) Qui est là?

LA RIPAILLIÈRE, *en dehors*. C'est moi... c'est le cousin La Ripaillière.

ANTOINETTE ET TOINON. Lui!

MÈRE GERVAIS. Qu'est-ce que je disais? (*Elle va ouvrir.*)

SCÈNE III.

LES MÊMES, LA RIPAILLIÈRE, *costume de procureur, le plus riche possible, mais tout noir.*

LA RIPAILLIÈRE. Madame Gervais, s'il vous plait?

MÈRE GERVAIS. C'est moi, Monsieur.

LA RIPAILLIÈRE. Et, sans doute, ces deux charmantes fleurs des champs... mesdemoiselles Antoinette et Toinon?

TOINON. Vous êtes bien honnête, Monsieur. (*A Antoinette.*) Mais salue donc, il t'a appelée fleur des champs.

LA RIPAILLIÈRE. A merveille!.. j'avais un peu oublié vos noms, mais j'ai demandé dans le village l'adresse de la femme la plus respectable et des jeunes filles les plus sages, et l'on m'a conduit directement chez vous.

MÈRE GERVAIS, *saluant*. Monsieur...

ANTOINETTE ET TOINON. Monsieur...

LA RIPAILLIÈRE. Si cela vous était égal de m'appeler cousin...

MÈRE GERVAIS. Mais...

LA RIPAILLIÈRE. Je l'exige... c'est mon titre, et j'en suis fier... j'étais le cousin germain de ce pauvre Jérôme... j'ai assisté à ses derniers moments... Il m'a fait confidence de ses dernières volontés, et je lui ai promis de veiller moi-même à leur exécution; c'est pourquoi, madame Gervais... je viens vous prier de me confier ces deux charmantes enfants, que je conduirai moi-même à Romainville.

MÈRE GERVAIS. Oh! Monsieur, je ne veux pas que vous preniez cette peine.

LA RIPAILLIÈRE. Que parlez-vous de peine... c'est un plaisir, un devoir.

Air de *Madame Favart*.

Le testament ne les fait légataires
Que si, jusques à ce grand jour,
Innocentes, sages, austères,
Elles ont évité l'amour;
Or, si je les tiens sous mes ailes,
Si de moi seul elles suivent les pas,
Vous êtes sûre qu'avec elles
L'amour ne voyagera pas.

MÈRE GERVAIS. Il faut, en ce cas, que je contremande le voisin Benoît qui devait les conduire.

LA RIPAILLIÈRE. Charger un étranger de ce soin !... mais c'est ma faute... les affaires m'ont si longtemps fait négliger ma famille.

MÈRE GERVAIS. Allez, mes enfants, mettre la dernière main à votre toilette; moi, je reviens dans un instant.

Air de *Doche*.

Oui, pour vous mettre en chemin,
La toilette est nécessaire.
Songez que vous devez faire
Honneur à votre cousin.

ANTOINETTE.

Au bras d'un pareil conducteur
Je suis sûre d'être respectée.

TOINON, *à part*.

Sortir avec un procureur,
Ah! combien je me sens flattée!

ENSEMBLE.

LA RIPAILLIÈRE.

Même en simple casaquin,
Vous êtes faites pour plaire,
Et toujours vous devez faire
Honneur à votre cousin.

LES TROIS FEMMES.

Oui, pour vous / nous mettre en chemin,
La toilette est nécessaire;
Songez que vous devez / nous devons faire
Honneur à votre / notre cousin.

(Les deux cousines sortent par les portes latérales; la mère Gervais par le fond.)

SCÈNE IV.

LA RIPAILLIÈRE, *seul.* Allons, allons, cela a été plus facile que je ne croyais... ces braves gens de village sont d'une bonhomie... Ah! monsieur mon cousin Jérôme!... vous me déshéritez pour laisser toute votre fortune à ces deux campagnardes... Morbleu!... heureusement, je suis fin, je suis adroit... je ne suis pas mal; et je connais les clauses du testament...

Air: Vaudeville de l'*Héritière.*

Pour croquer ces jeunes poulettes,
Je vais jouer le rôle de Satan.
Pour les tenter j'ai des ruses secrètes,
A chaque pas un piége les attend,
Je les lutine à chaque instant.
Oui, ma victoire est d'avance certaine,
Car Satan, parole d'honneur,
Aurait lui-même de la peine
A lutter contre un procureur.

(On frappe à la porte.) Quelqu'un... Ah! ce doit être mon huissier.

SCÈNE V.

LA RIPAILLIÈRE, RAVINET, *tout en noir.*

RAVINET, *entrant.* Monsieur La Ripaillière!

LA RIPAILLIÈRE. Juste! c'est Belzébuth... Entrez, monsieur Ravinet, entrez!...

RAVINET. Pardon, monsieur de La Ripaillière, est-ce pour un exploit, pour une saisie ou pour un commandement que vous m'avez fait mander à Vaugirard?

LA RIPAILLIÈRE. Maître Ravinet, avez-vous eu soin de prendre beaucoup de papier timbré?

RAVINET. De quoi remplir douze assignations.

LA RIPAILLIÈRE. Très-bien!

RAVINET. Mais puis-je savoir?..

LA RIPAILLIÈRE. Rien.

RAVINET. Il suffit.

LA RIPAILLIÈRE. Ah! dites-moi... vous avez de bons yeux et de bonnes oreilles?

RAVINET. Des yeux de lynx et des oreilles de lièvre.

LA RIPAILLIÈRE. A merveille... Écoutez-moi bien: deux jeunes filles vont sortir d'ici avec moi.

RAVINET. Je les saisirai...

LA RIPAILLIÈRE. Non... ceci me regarde... votre mission se borne à inscrire tous les endroits où nous nous arrêterons, et à signaler tous les faits qui se passeront sous vos yeux.

RAVINET. Sur papier timbré?

LA RIPAILLIÈRE. Sur papier timbré.

RAVINET. Ainsi nous disons donc que pour tous les endroits que nous traverserons?

LA RIPAILLIÈRE. Procès-verbal topographique.

RAVINET. Pour tout ce qui s'y passera?

LA RIPAILLIÈRE. Procès-verbal descriptif.

RAVINET. Même sur votre conduite, sur la mienne, sur celle de ces jeunes filles.

LA RIPAILLIÈRE. Notamment sur celle de ces jeunes filles.

RAVINET. Ainsi, si on leur fait la cour?..

LA RIPAILLIÈRE. A inscrire.

RAVINET. Si elles sont coquettes?..

LA RIPAILLIÈRE. A inscrire.

RAVINET. Si elles?..

LA RIPAILLIÈRE. Vous inscrirez tout.

RAVINET. Sur papier timbré?

LA RIPAILLIÈRE. Sur papier timbré.

RAVINET. Il suffit.

LA RIPALLIÈRE. On vient... silence!

SCÈNE VI.

LES MÊMES, MÈRE GERVAIS, *ensuite* ANTOINETTE ET TOINON.

MÈRE GERVAIS. Eh quoi! je suis encore la première!

LA RIPAILLIÈRE. Ma foi, vous arrivez en même temps.

ANTOINETTE, *qui vient de paraître avec Toinon.* Nous voilà prêtes, marraine.

MÈRE GERVAIS. Attendez, mes enfants, que je vous remette... *(Apercevant Ravinet.)* Quel est ce monsieur?

LA RIPAILLIÈRE. Un poète... un auteur... Ne faites pas attention.

TOINON. Tiens! il est tout noir aussi.

MÈRE GERVAIS. Voilà, mes enfants, vos deux petits paquets; ils contiennent tout ce qui peut vous être utile pendant votre petit voyage.

Air de la *Savonnette impériale.*

Contentez-vous de peu de chose;
De personne n'acceptez rien.

Que de regrets un plaisir cause!
Je vous parle pour votre bien.
Évitez l'amour qui vous guette,
Car il est plus malin que nous,
Et de l'histoire de Jeannette,
Pauvres enfants, souvenez-vous.

ANTOINETTE.

Même air.

Rassurez-vous, bonne marraine,
L'honneur a pour nous tant de prix,
Que sans presque reprendre haleine
Nous allons traverser Paris.

TOINON.

Pour narguer l'amour qui nous guette,
Ensemble nous nous unirons;
Et de l'histoire de Jeannette,
Marraine, nous nous souviendrons.

LA RIPAILLIÈRE.

Je ne connais pas cette histoire,
Mais le temps presse, et sans danger,
Mes belles, vous pouvez me croire,
Nous allons gaîment voyager.
La route qui vous inquiète,
Vous la verrez filer grand train.
(*Les prenant sous le bras.*)
Grâce à l'histoire de Jeannette
Que vous me direz en chemin.

TOINON. Ah! moi, j'veux bien.

ANTOINETTE. Adieu, marraine!..

MÈRE GERVAIS. A bientôt, mes enfants!

REPRISE, ENSEMBLE.

Mais de l'histoire de Jeannette,
Ah! souvenez-vous en chemin.

LES JEUNES FILLES.

Oui, de l'histoire de Jeannette,
Nous nous souviendrons en chemin.

LA RIPAILLIÈRE.

Oui, cette histoire de Jeannette,
Vous me la direz en chemin.

(*La Ripaillière a pris le bras des deux jeunes filles, Ravinet prend un papier timbré sur lequel il se dispose à écrire, la mère Gervais accompagne les voyageurs jusqu'à la porte.*)

FIN DU PREMIER ACTE.

ACTE DEUXIÈME.

Une salle basse dans le cabaret de Bancelin.

SCÈNE PREMIÈRE.

BRIN-D'AMOUR, JOLI-CŒUR, LA TULIPE, SOLDATS; *tous à table.*

JOLI-CŒUR, *et les soldats.* A la santé des hussards de Berchini!..

BRIN-D'AMOUR.

Air de *Couder.*

Vivent les hussards d' Berchini!
C'est un régiment accompli!
Devant l'amour et l'ennemi.
Vivent les hussards d' Berchini!
S'ils courtisent Rose ou Manon,
Ou s'ils entendent le canon!
Vivent les hussards, etc.
Livrons à la gloire
Nos jours!

JOLI-CŒUR.

Et jurons de boire
Toujours.

BRIN-D'AMOUR.

Pour vaincre et séduire,
Voilà!

JOLI-CŒUR.

Nous pouvons nous dire
Bons là!

BRIN-D'AMOUR.

Sous cet uniforme
Galant
Un soldat se forme
Gaîment.

JOLI-CŒUR.

Même il se déforme
Souvent
Sous cet uniforme
Galant.

CHŒUR.

Vivent les hussards, etc.

LA TULIPE, *se levant.* D'honneur, camarades, c'est du véritable Argenteuil; plus on en boit, plus on en veut boire.

JOLI-CŒUR, *remplissant son verre.* Allons, encore une tournée.

BRIN-D'AMOUR. Assez de tournées comme ça! ça me ferait tourner la tête.

JOLI-CŒUR. Tourner la tête! Ah! bien, ma foi, tu l'as fait tourner à tant de femmes, que ce serait justice... Allons! à la santé de nos belles!

TOUS, *moins Brin-d'Amour.* Oui, oui, à leur santé!

JOLI-CŒUR. D'abord, je bois à Claudine, à Joséphine, à Clémentine, à Pauline, à Ernestine, et ensuite à Aglaé, mon adorable petite modiste.

LA TULIPE. Aglaé, de chez madame Bertin, la fameuse marchande de modes?

JOLI-CŒUR. Juste!.. et à la séduisante Éloa, camarade d'Aglaé et la dernière des nombreuses conquêtes de Brin-d'Amour... (*A Brin-d'Amour.*) Eh bien! tu ne fais pas comme nous? tu ne bois pas à Éloa.

BRIN-D'AMOUR. Je ne veux plus de maîtresses.

TOUS. Pas possible!

JOLI-CŒUR. Plus de maîtresses, toi, Brin-d'Amour, surnommé le casse-cœur du régiment, tu renoncerais à la gloire de faire des conquêtes?.. le régiment est déshonoré...

BRIN-D'AMOUR. Elle est jolie, la gloire!

JOLI-CŒUR. Très-jolie... sauf quand les femmes sont laides... mais c'est si rare!

BRIN-D'AMOUR. Et elles sont bien flatteuses, les conquêtes!

JOLI-CŒUR. Très-flatteuses... sauf quand il faut qu'on les épouse; mais c'est encore si rare!

BRIN-D'AMOUR. Oui, oh! elles ne nous en laissent pas le temps. Eh bien! moi, vois-tu, Joli-Cœur, moi, je suis las de ces conquêtes d'un jour qu'un caprice vous donne et qu'un caprice vous enlève; oui, j'en ai assez de ces modistes, grisettes, caillettes ou bourgeoises qui m'adorent tout à coup, sans savoir pourquoi... que j'adore un petit peu, sans savoir non plus pourquoi... et que bientôt je n'adore plus du tout... parce que... l'on sait bien pourquoi!

JOLI-CŒUR, *avec une sensibilité comique.* L'ingrat!..

BRIN-D'AMOUR. Je ne sais quelles idées me passent par la tête; mais depuis quelque temps, je rêve un bonheur inconnu... un amour innocent et craintif... des yeux qui me cherchent et qui se baissent quand ils rencontrent mes yeux... une main qui tremble dans ma main et qui s'en retire bien doucement pour que je la retienne avec force et que...

JOLI-CŒUR, *se levant.* Ah! sacredieu! ah! quel affreux malheur!.. ce pauvre ami qui est tombé à plat dans le sentiment!.. Messieurs, à la mémoire de défunt le sentimental Brin-d'Amour... versons des larmes sur sa tombe. Nous nous consolerons avec ses veuves! (*Poussant un soupir grotesque.*) Ah!..

BRIN-D'AMOUR. Ça te fait rire?

JOLI-CŒUR. Non, ça me fait boire et pleurer!..

BRIN-D'AMOUR. A ton aise. Mais je te le répète, j'ai un cœur... et...

JOLI-CŒUR. Tiens! moi aussi! d'abord c'est mon nom: Joli-Cœur!..

BRIN-D'AMOUR. Et il faut que j'aime...

JOLI-CŒUR. Moi aussi!

BRIN-D'AMOUR. Et que celle que j'aime soit vertueuse.

JOLI-CŒUR. Moi aussi... mais pas longtemps.

BRIN-D'AMOUR. Eh bien! moi... toujours!

JOLI-CŒUR, *s'écriant.* Ah! sacredieu! voilà bien un plus grand malheur!.. ce pauvre ami, qui du sentiment où il était tombé, vient de faire une culbute dans la vertu! Il n'y a plus d'espoir qu'il en revienne. Messieurs, rebuvons à la mémoire de défunt le vertueux Brin-d'Amour... Reversons des larmes sur sa tombe; nous reconsolerons ses veuves. (*Poussant un soupir grotesque.*) Ah!..

BRIN-D'AMOUR, *à lui-même.* Je deviens ridicule. (*Se levant.*) Eh bien! puisque vous le prenez comme ça, à votre santé, à la mienne!

TOUS. Ah!

JOLI-CŒUR. Il est ressuscité! vive Brin-d'Amour!

TOUS. Vive Brin-d'Amour!

BRIN-D'AMOUR. Et au diable le sentiment!

JOLI-CŒUR. Bravo!

BRIN-D'AMOUR.

Air du *Foyer d'acteurs.*

Viv' l'amour et viv' la guerre!
Au diable le sentiment!

TOUS.

Viv' l'amour, etc.

BRIN-D'AMOUR.

D'ordinaire
On en fait guère
Dans l' militaire;
Qu'il soit défendu d'en faire
Au régiment!

TOUS.

D'ordinaire, etc.

BRIN-D'AMOUR.

Un soldat ne peut s'éprendre
D'une femme seulement.

TOUS.

Un soldat, etc.

BRIN-D'AMOUR.

Chaque soldat, s'il est tendre,
Sans attendre
Au régiment,
Doit en prendre
Un régiment.

TOUS.

Chaque soldat, etc.

JOLI-CŒUR.

Si l'armée à l'innocence
S'adressait uniquement,

TOUS.

Si l'armée, etc.

JOLI-CŒUR.

On n' trouv'rait pas assez d'innocence,
En France
Pour contenter seulement
Un régiment.

TOUS.

On n' trouv'rait pas, etc.

BRIN-D'AMOUR. N'importe! si jamais je redeviens amoureux, ce ne sera pas d'une coquette.

JOLI-CŒUR. Ce sera d'une Agnès peut-être?

BRIN-D'AMOUR. Eh bien, pourquoi pas?

JOLI-COEUR, *riant.* Pourquoi? parce qu'il n'y en a plus, cher ami; les Agnès, c'est comme les grandes perruques, c'est passé de mode. Si j'en connaissais une, ma fortune serait faite.

TOUS, *riant.* Ah! ah! ah!

JOLI-COEUR. Eh! sans doute, je la mènerais chez Nicolet, qui est là en face, je la montrerais pour deux sous, ça serait encore plus curieux que son singe. Entrrrez, entrrrez, Messieurs, ça va commencer, et vous allez voir une Agnès au naturel... On ne paye qu'en sortant.

BANCELIN, *entrant du fond.* Messieurs, quand il vous plaira de venir...

JOLI-COEUR. De venir voir une Agnès?

BANCELIN. De venir boire votre café; on va vous servir.

BRIN-D'AMOUR. Et où va-t-on nous servir, père Bancelin.

BANCELIN. Dans le jardin, sous les bosquets...

BRIN-D'AMOUR. Sous les bosquets? c'est une idée charmante; mais dépêchons-nous, voici bientôt l'heure de rentrer au quartier.

LA TULIPE. Diable! c'est que le colonel n'est pas facile, et pour tout au monde nous ne voudrions pas manquer l'appel.

JOLI-COEUR. Le quartier est à deux pas, nous entendrons l'appel d'ici; (*A Bancelin.*) et de l'eau-de-vie?

BANCELIN. J'en ai fait porter plein une dame-jeanne.

JOLI-COEUR. Une dame-jeanne!

BANCELIN. Et Jeanneton, ma servante, remplira vos verres.

JOLI-COEUR. Jeanneton! (*Gaiement.*) Tu entends, Brin-d'Amour... il y a une dame-jeanne... il y a une Jeanneton... mais pas de Jeanne d'Arc. Je te dis qu'il n'y en a plus.

REPRISE DU CHOEUR.

Vivent les hussards d' Berchini!
C'est un régiment accompli!
Devant l'amour et l'ennemi.
Vivent les hussards d' Berchini!

(*Ils sortent par le fond, à droite.*)

SCÈNE II.

BANCELIN, *seul.* Allons, allons, mon petit commerce ne va pas trop mal, et avant peu, le nom de Bancelin traiteur, restaurateur, remplira toutes les bouches de la Renommée...

LA RIPAILLIÈRE, *en dehors.* Par ici, Mesdemoiselles, venez...

BANCELIN. Qu'entends-je!.. la voix de M. La Ripaillière, une de mes meilleures pratiques.

LA RIPAILLIÈRE, *en dehors.* Venez donc, n'ayez pas peur.

BANCELIN. Comment! avec des paysannes?.. voilà qui est singulier!

SCÈNE III.

LA RIPAILLIÈRE, ANTOINETTE, TOINON, RAVINET, BANCELIN.

LA RIPAILLIÈRE, *du fond, à gauche.*

Air de la *Muette.*

Entrez, je vous prie,
Entrez, car je suis las.

ANTOINETTE ET TOINON.

Je vous en supplie,
Ici n'entrons pas.
Nous sommes imgambes...

LA RIPAILLIÈRE.

Mais moi, mes enfants,
Je n'ai plus vos jambes,
Jambes de quinze ans.

ANTOINETTE ET TOINON. Mais, cousin....

LA RIPAILLIÈRE, *entrant.* Et, ma foi, mes charmantes, vous direz tout ce qu'il vous plaira, mais il m'est impossible d'aller plus loin... Arrêtons-nous chez cet honnête homme... Ouf! je suis rompu! (*Il se laisse tomber sur un siége.*)

TOINON. Ah! que je suis donc lasse aussi!

ANTOINETTE, *à Toinon.* Veux-tu pas le dire!

LA RIPAILLIÈRE, *bas, à Bancelin.* Pour elles, des fauteuils.

BANCELIN, *indiquant Ravinet.* Et pour ce Monsieur?

LA RIPAILLIÈRE. Ce qu'il voudra, ça le regarde.

RAVINET, *à Bancelin.* Votre nom, s'il vous plaît?

BANCELIN. Mon nom?.. Bancelin, le premier traiteur restaurateur, pâtissier de Paris.

RAVINET. Bien obligé. (*Il tire de sa poche du papier timbré et écrit.*)

TOINON, *bas.* Un pâtissier!.. il doit avoir de la galette!

ANTOINETTE. Qué que ça te fait?

TOINON. Oui... ça me fait rien. (*Bancelin pousse deux fauteuils.*) Oh! les drôles de chaises!.. elles ont aux pieds des petites roues qui roulent!

LA RIPAILLIÈRE. Asseyez-vous, mes toutes belles.

TOINON. Là dedans.

ANTOINETTE. Merci, Monsieur, je ne suis pas fatiguée.

TOINON. Merci, Monsieur, ma cousine n'est pas fatiguée. Et d'ailleurs, ma marraine nous a bien défendu de rien prendre.

LA RIPAILLIÈRE. Même de prendre un fauteuil!

ANTOINETTE, *à elle-même.* Ah! j'aurais p't'être mieux fait de ne pas entrer ici.

TOINON, *feignant de culbuter.* Ah! v'là que je tombe!.. je suis tombée dedans! (*Elle s'est assise.*)

ANTOINETTE. Eh bien! relève-toi.

TOINON. Faut que je me relève?

BANCELIN. Que faut-il servir à Monsieur?

LA RIPAILLIÈRE. Ah! en effet... eh bien! mon cher, que vous dirai-je... Servez-nous la moindre des choses, des Ratons... de ces petits gâteaux que vous faites si bien, et puis un peu de cette tisane si délicieuse, vous savez... de cette tisane qui mousse.....

BANCELIN. Oui, oui, je sais... (*Il sort à gauche.*)

LA RIPAILLIÈRE. Cette diable de poussière m'a pris à la gorge... j'étrangle.

TOINON. Ah! ça c'est vrai qu'il fait une poussière...

ANTOINETTE, *bas.* Mais tais-toi donc!

TOINON. J' dis qu'il fait d' la poussière; j' peux bien dire qu'il fait d' la poussière, je crois!

BANCELIN, *rentrant avec un plateau.* Voilà d'excellents gâteaux!

LA RIPAILLIÈRE. Offrez à ces demoiselles.

ANTOINETTE. Merci, je n'ai pas faim du tout, Monsieur.

TOINON. Merci, ma cousine n'a pas faim du tout, Monsieur.

LA RIPAILLIÈRE. Mais ces bagatelles se mangent sans faim... Tenez, voilà de la crême qui est délicieuse.

ANTOINETTE. Allons nous-en, Toinon.

TOINON. Déjà!

LA RIPAILLIÈRE. Vous ne pouvez me refuser.

ANTOINETTE. Vous savez bien que ma marraine a défendu que nous nous arrêtions dans Paris...

LA RIPAILLIÈRE. Sans doute, quand vous deviez voyager avec le père Benoît... mais avec moi, qu'avez-vous à craindre?

ANTOINETTE. Oh! rien du tout, Monsieur, nous savons que vous êtes notre cousin; mais il ne faut pas nous en vouloir si nous obéissons à not' marraine, c'est un serment que nous avons fait, voyez-vous!..

LA RIPAILLIÈRE. Le serment de ne pas manger de gâteaux... Ah! c'est trop fort et j'aurais le droit de m'offenser... Mais non, je veux bien ne voir dans vos scrupules qu'un enfantillage... le résultat de préjugés campagnards. Et, tenez, il n'est que neuf heures du matin, eh bien! pour vous punir, je veux qu'à dix heures nous soyons à Romainville.

ANTOINETTE. C'est ça, partons!

LA RIPAILLIÈRE. Une minute! je vous ai déjà dit que je n'avais plus mes jambes de quinze ans... Mais un de mes amis qui demeure à deux pas, me prêtera son carrosse, et je vais le lui demander moi-même.

ANTOINETTE. Un carrosse!

TOINON. Nous irons en carrosse!

LA RIPAILLIÈRE. Mais en récompense de ce que je fais pour vous... faites aussi quelque chose pour moi.

Air du *Serment.*

A ce régal, en mon absence,
Belles, il faut avoir touché,
Et si c'est un péché, d'avance,
Moi, je prends sur moi le péché.
(*Bas, à Bancelin.*)
Laisse-les seules, qu'elles boivent
De ce nectar dont je connais l'effet,
Et sans qu'elles s'en aperçoivent,
Devine et sers bien mon projet.

ANTOINETTE, *à part.*

Que disent-ils?

TOINON, *regardant les gâteaux.*

Le beau croquet!
A ce régal, en son absence,
Faut-il, ne faut-il pas toucher?
Si c'est un péché, moi, je pense
Qu'il est assez doux de pécher.

ANTOINETTE.

A ce régal, en son absence,
Non, je ne veux pas toucher.
Si c'est un péché, moi je pense,
Que nous ne devons pas pécher.

RAVINET.

A ce régal, en son absence,
Belles, il faut avoir touché.
Si c'est un péché, moi je pense,
Qu'il prendra sur lui le péché.

LA RIPAILLIÈRE.

A ce régal, etc.

(*Il sort par le fond, à gauche.*)

SCÈNE IV.

ANTOINETTE, TOINON, RAVINET.

RAVINET, *qui a écrit; à lui-même.* Il est sorti... ces jeunes filles ne veulent rien prendre... Ah! ma foi! (*Il mange un petit pâté.*)

TOINON, *bas, à Antoinette.* Oh! as-tu vu?

ANTOINETTE. Quoi?

TOINON. Comme il a avalé ça!

ANTOINETTE. Non, je ne veux pas regarder.

TOINON. C'est vrai... faut pas regarder.

RAVINET, *à lui-même.* Dois-je écrire ce que je viens de?... Bah! c'est inutile.

TOINON. Antoinette!

ANTOINETTE. Hein?

TOINON. Je vas te dire une chose.

ANTOINETTE. Dis voir.

TOINON. M. La Ripaillière est not' cousin.

ANTOINETTE. Oui.

TOINON. Eh bien! c'est p't'être pas honnête à nous de refuser ce que not' cousin nous offre de si bon cœur.

ANTOINETTE. Possible, mais faut obéir à not' marraine...

TOINON. Pourtant, il n'y a pas grand mal à manger des gâteaux.

ANTOINETTE. Y a grand mal à désobéir.

TOINON. C'est que, moi, j'ai faim...

ANTOINETTE. T'as des pommes...

TOINON. Ça me fait mal à l'estomac...

ANTOINETTE. Mange des noix.

TOINON. Ça me fait mal à la poitrine.

ANTOINETTE. Alors, attends que tu sois à Romainville.

TOINON. Mais si not' cousin se fâche?...

ANTOINETTE. Dis plutôt que c'est la gourmandise qui te tente...

TOINON. Moi!

ANTOINETTE. Souviens-toi de ce que nous a raconté marraine de l'histoire de cette pauvre paysanne.

Air : *Les cinq Codes.*

Un séducteur qui la trouvait gentille,
Pour la perdre suivit ses pas,
Et le malheur de cette pauvre fille
Vint d'avoir accepté son bras.

TOINON.

Oui, marraine nous a dit comme
S'y prit ce jeune jouvenceau ;
Mais tu conviendras qu'un jeune homme
Est plus dangereux qu'un gâteau.
J' comprends qu'on r'fuse un jeune homme,
Mais non pas qu'on r'fuse un gâteau.

ANTOINETTE. Je t'en prie, Toinon, ne cède pas à la gourmandise... songe que marraine...

BRIN-D'AMOUR, *à la cantonade.* Nous revenons tout de suite!

JOLI-CŒUR, *de même.* Le temps de tirer les oreilles à cet empoisonneur de Bancelin!

SCÈNE V.

LES MÊMES, BRIN-D'AMOUR, JOLI-CŒUR.

ANTOINETTE. Du monde!

TOINON. Quelqu'un!

ANTOINETTE ET TOINON. Des soldats!..

BRIN-D'AMOUR ET JOLI-CŒUR, *entrant du fond, à droite.* Des jeunes filles!..

BRIN-D'AMOUR, *parlant d'Antoinette.* Oh! la jolie villageoise!..

ANTOINETTE. Toinon, ne restons pas ici.

TOINON. Où veux-tu aller?

ANTOINETTE. C'est vrai!

JOLI-CŒUR, *parlant de Toinon.* Quelle petite mine agaçante!

BRIN-D'AMOUR, *parlant d'Antoinette.* Quel air ingénu!

ANTOINETTE. Et seules, toutes seules!..

JOLI-CŒUR, *à Toinon.* Soyez sans crainte, ma belle enfant.

BRIN-D'AMOUR, *à Antoinette.* Rassurez-vous, Mademoiselle.

JOLI-CŒUR. Je me nomme Joli-Cœur.

BRIN-D'AMOUR. Et moi Brin-d'Amour.

TOINON. Joli-Cœur!

JOLI-CŒUR. Et vous?

TOINON. Toinon.

JOLI-CŒUR. Toinon! *(Il fait à part, une légère grimace.)*

TOINON. Et elle, Antoinette.

BRIN-D'AMOUR. Antoinette! Que j'aime ce nom-là!

JOLI-CŒUR ; *se résignant.* Toinon!.. enfin, n'importe!

ANTOINETTE, *avec intention.* Et not' cousin qui ne revient seulement pas...

BRIN-D'AMOUR ET JOLI-CŒUR. Vous avez un cousin?

ANTOINETTE ET TOINON. Oui, et...

JOLI-CŒUR, *désignant Ravinet qui écrit sur la table.* Ce n'est pas ce Monsieur?

TOINON. Ce Monsieur, nous ne le connaissons seulement pas.

BRIN-D'AMOUR. Vous ne le connaissez pas!..

JOLI-CŒUR. Et il avait le front de vous offrir....

ANTOINETTE. Du tout... Et quand même, nous n'aurions rien pris.

TOINON. Quoique nous ayons très-faim.

BRIN-D'AMOUR. Ah! mademoiselle Antoinette, voilà de la sagesse.

JOLI-CŒUR, *à Ravinet.* Monsieur!.. vous êtes un polisson!

ANTOINETTE. Ah! mon Dieu!

RAVINET. Moi?

JOLI-CŒUR. Oui, un fichu drôle! décampez de là. *(D'un coup de pied il chasse le tabouret; l'huissier tombe.)*

RAVINET. Mais...

JOLI-CŒUR. Silence! nous prenons à notre compte la table et tout ce qu'il y a dessus... Maintenant, aimable Toinon, si vous voulez bien accepter?..

TOINON. Ces gâteaux?.. mais ils ne sont pas à vous, c'est not' cousin...

JOLI-CŒUR. Ils sont à moi puisque je les paye et que je vous les offre.

TOINON. Mais...

JOLI-CŒUR, *à Toinon.*

Air : *Verse, verse, du vin de France.*

Mais si vous ne les mangez pas,
Songez-y bien, moi je les mange.

BRIN-D'AMOUR, *regardant Antoinette.*
Qu'elle a de charmes et d'appas!

JOLI-COEUR.
Vous ne mangez pas?

BRIN-D'AMOUR.
C'est un ange.

JOLI-COEUR.
Moi, je mange.

TOINON.
Ah! c'est affreux, ma cousine, tu vois...

JOLI-COEUR.
C'est excellent!

TOINON.
Ah! ma foi, puisqu'il mange,
Je mange aussi.
(*Elle prend un gâteau.*)

ANTOINETTE.
Toinon!

TOINON.
Il faut, je crois,
Qu'à mon cousin j'obéisse.

ANTOINETTE.
Qu'entends-je?

BRIN-D'AMOUR.
Prenez aussi des gâteaux qu'elle mange...
(*Antoinette fouille dans son paquet.*)
Que faitez-vous?.. vous prenez en échange...

ANTOINETTE.
Mon pain, mes pommes et mes noix!

LES AUTRES.
Est-il permis de choisir en échange
Du pain, des pommes et des noix.

TOINON, *mangeant.* Ah! c'est délicieux!
JOLI-COEUR. Ah! mais vous allez trop vite!...

TOINON.

Même air.

Oui, j'étouffe!

JOLI-COEUR, *versant du champagne.*
Buvez un coup.

TOINON.
Cousine, le drôle de verre!
Allons, versez, versez beaucoup.

JOLI-COEUR, *à part.*
Elle ne sera pas, j'espère,
Longtemps sévère.

BRIN-D'AMOUR, *à Antoinette.*
Si vous êtes sourde à ma voix.

TOINON.
Ah! ça picote!

JOLI-COEUR.
Allons, videz ce verre!

BRIN-D'AMOUR.
Des humbles mets dont vous avez fait choix
Je veux ma part.

ANTOINETTE.
Comment, un militaire!..

TOINON.
Ah! ça picote!

JOLI-COEUR.
Allons, encore un verre!

BRIN-D'AMOUR.
Pas de festins auxquels je ne préfère
Ce pain, ces pommes et ces noix.

JOLI-COEUR ET TOINON.
A ces gâteaux se peut-il qu'on préfère
Du pain, des pommes et des noix.

ANTOINETTE ET BRIN-D'AMOUR.
Pas de festins, etc.

(*Antoinette a partagé une de ses noix et un morceau de son pain avec Brin-d'Amour.*)

SCÈNE VI.

LES MÊMES, LA RIPAILLIÈRE.

LA RIPAILLIÈRE, *entrant du fond, à gauche.* Mesdemoiselles, le carrosse... Que vois-je?..

JOLI-COEUR. Qu'est-ce que c'est que ça?

ANTOINETTE ET TOINON. Not' cousin!

LA RIPAILLIÈRE. Des militaires!

JOLI-COEUR. C'est ça votre cousin?...

TOINON. Oui, oui... Ah! mon cousin, vous aviez raison, c'est délicieux!

LA RIPAILLIÈRE. Qui vous a permis, Mademoiselle, de manger?...

TOINON. Mais c'est vous, cousin.

LA RIPAILLIÈRE. Oui, c'est vrai, c'est moi, mais... (*A Antoinette.*) Qu'est-ce que c'est que ça?... des pommes, des noix...

ANTOINETTE. J'ai obéi à marraine.

LA RIPAILLIÈRE. Mais c'est affreux!

TOINON. Alors, j'ai eu raison.

LA RIPAILLIÈRE. Vous avez eu tort.

ANTOINETTE. Alors, j'ai donc bien fait.

LA RIPAILLIÈRE. Vous avez fait très-mal.

TOINON, *étonnée.* Ah!

JOLI-COEUR *se levant et marchant sur La Ripaillière.* Ah çà, vilain corbeau, est-ce que nous n'allons pas bientôt taire ce bec?

LA RIPAILLIÈRE. Qu'est-ce qu'il a dit?

RAVINET, *qui écrit dans un coin, à droite.* Il a dit que vous aviez un bec de corbeau.

LA RIPAILLIÈRE. Insolent!

LES SOLDATS, *en dehors.* Brin-d'amour! Joli-cœur!

LA RIPAILLIÈRE. Qu'est-ce que c'est que ça?

JOLI-COEUR. Les camarades!

SCÈNE VII.

LES MÊMES, TOUS LES MILITAIRES.

LA RIPAILLIÈRE. Notre place n'est plus ici! Venez, Mesdemoiselles, venez!

BRIN-D'AMOUR. Elles ne vous suivront pas!

ANTOINETTE. Grand Dieu !...

LA RIPAILLIÈRE. Qu'est-ce à dire?

JOLI-CŒUR. C'est-à-dire que je m'y oppose !

RAVINET *à La Ripaillière.* Faut-il toujours écrire?

LA RIPAILLIÈRE. Allez au diable!

ANTOINETTE. Messieurs les soldats, je vous en prie!

TOUS. Non! non!

JOLI-CŒUR. A nous les jolies filles!

TOUS. A nous! (*On entend la trompette sonner l'appel.*)

FINAL.

Air de *Jérusalem.*

ENSEMBLE.

BRIN-D'AMOUR.

Déjà l'appel sonne au quartier,
Pauvre soldat! maudit métier!
Il me faudra donc consentir
A les laisser partir!

JOLI-CŒUR.

Déjà l'appel sonne au quartier,
Et quand j'allais le châtier.
Il me faudra donc consentir
A les laisser partir!

LES SOLDATS.

Déjà l'appel sonne au quartier.
Nous ne pouvons le châtier.
Il nous faudra donc consentir
A les laisser partir!

ANTOINETTE ET TOINON.

Puisse le régiment entier
Bien vite rentrer au quartier!
Rien qu'à les voir nous retenir
Je me sentais mourir!

LA RIPAILLIÈRE ET RAVINET.

Déjà l'appel sonne au quartier,
Je veux / Il faut les faire châtier!
Mais avant de faire punir,
Venez, il faut partir!

ENSEMBLE.

BRIN-D'AMOUR ET JOLI-CŒUR, *seuls.*

Déjà l'appel sonne au quartier,
Pauvre soldat, etc.
Déjà l'appel sonne au quartier,
E quand j'allais, etc.

TOINON, *seule, à La Ripaillière.*

Ah! pardonnez mes torts involontaires!
(*A Antoinette.*)
J'aurais dû t'écouter, ne pas rester ici!..
(*Aux soldats.*)
Pitié pour nous, messieurs les militaires,
Le devoir nous appelle et vous appelle aussi!
(*On entend un second appel de trompette.*)

REPRISE DE L'ENSEMBLE.

Déjà l'appel, etc.

(*Les hussards sortent par le fond, à gauche, tout en faisant des gestes menaçants à La Ripaillière, qui met son chapeau, prend ses cousines sous le bras et se dispose à sortir. — La toile tombe.*)

FIN DU DEUXIÈME ACTE.

ACTE TROISIÈME.

Le magasin de modes de mademoiselle Bertin.

SCÈNE PREMIÈRE.

ÉTIENNETTE, PHLIPOTTE, BERNARDINE, PLUSIEURS JEUNES FILLES.

(*Au lever du rideau les jeunes filles assises en cercle, sont en train de jouer au petit jeu appelé :* LE FURET DU BOIS JOLI. — *Phlipotte debout au milieu du cercle cherche à s'emparer d'un objet que ses compagnes lui cachent, en se le passant de main en main.*)

CHŒUR.

Air du *Furet.*

Il court, il court, le furet,
Le furet du bois, Mesdames,
Il court, il court, le furet,
Le furet du bois joli.
Il a passé par ici,
Le furet du bois, Mesdames,
Il a passé par ici
Le furet du bois joli.

PHLIPOTTE. Oh! pour le coup, je le tiens, le furet. (*Elle s'est emparée d'un billet plié en quatre, et dont elle lit la suscription* :) « A mademoiselle Bertin, première faiseuse de la cour. » Comme ça sent bon! comme c'est parfumé! ce doit être un billet doux.

ÉTIENNETTE. Alors, donne vite. (*Regardant la signature.*) Tiens! c'est signé : Dorat.

BERNARDINE. Dorat, ce jeune mousquetaire.

PHLIPOTTE. Qui fait de si jolis madrigaux!

ÉTIENNETTE, *lisant.* « Mademoiselle, j'ai l'honneur de vous adresser mon premier numéro du *Journal des Dames;* j'ai pensé qu'il revenait de droit à celle qui sait le mieux les embellir. »

BERNARDINE. Comme c'est galamment tourné!

ÉTIENNETTE, *continuant de lire.* « L'abonnement est de douze livres par an. »

TOUTES, *riant.* Ah ! ah ! ah !..

ÉTIENNETTE, *achevant.* « Dorat, fondateur ré-« dacteur du journal des Dames... »

PHLIPOTTE, *prenant une brochure.* Voyons vite, Mesdemoiselles, l'article : modes... (*Lisant.*) : « Paniers. — Ils passent de mode. — Le panier « dit *Gourgandine*, n'est plus porté que par les « filles d'Opéra ; le *Bout-en-train*, par les bour-« geoises, et la *Culbute* par les dames de la cour. « Les personnes du meilleur goût commencent à « porter des *Bêtises.* »

BERNARDINE. Ah ! c'te bêtise !

PHLIPOTTE. Oui, Mesdemoiselles, et en voici déjà un échantillon. (*Elle montre une tournure de femme.*)

ÉTIENNETTE. Ah ! quelle bonne invention ! nous voilà autorisées à faire des bêtises.

Air : *Adieu, je vous fuis, bois charmant.*

Mam'sell' Bertin, qui n' souffre pas
Que légèr'ment on se comporte,
Pour la moindre bêtise, hélas !
Souvent nous mettait à la porte.

BERNARDINE.

Grâce à cett' nouvell' mode enfin,
Bien des chos's nous seront permises.

PHLIPOTTE.

On chassera du magasin
Cell's qui ne feront pas d' bêtises.

TOUTES.

On chassera du magasin, etc.

ÉTIENNETTE. Oh ! il y en a deux parmi nous qui n'ont pas attendu la permission.

BERNARDINE. Ah ! oui, Aglaé et Éloa.

PHLIPOTE. Qui se sont laissé enlever, hier.

BERNARDINE. Aglaé par un fermier général.

ÉTIENNETTE. Et Éloa par le grand levrier du roi.

JOLI-CŒUR, *en dehors.* Brin-d'Amour, viens donc !

ÉTIENNETTE. Qui vient là ?..

BERNARDINE. Joli-Cœur et Brin-d'Amour, leurs amoureux !

PHILIPOTTE. Que vont-ils dire quand ils vont apprendre !..

JOLI-CŒUR. Tu entreras, te dis-je !

SCÈNE II.

LES MÊMES, JOLI-CŒUR, BRIN-D'AMOUR.

JOLI-CŒUR, *entrant sur les pas de Brin-d'Amour.* Ces demoiselles vont nous consoler.

BRIN-D'AMOUR. Eh ! je n'ai pas besoin qu'on me console.

JOLI-CŒUR. Eh bien ! alors, désolons-nous ensemble. (*A Brin-d'Amour.*) Justement nos bergères ne sont pas là ! (*Aux jeunes filles.*) Mesdemoiselles, voulez-vous nous permettre de pleurer chez vous ?

ÉTIENNETTE. Pleurer ? (*A ses compagnes.*) Est-ce qu'ils sauraient déjà ?

BRIN-D'AMOUR. Perdue pour moi !

JOLI-CŒUR. Ne pas savoir ce qu'elle est devenue !

PHLIPOTTE. Ils ne le sauront que trop tôt.

BRIN-D'AMOUR. Un cœur si naïf !

JOLI-CŒUR. Un petit minois si innocent !

PHLIPOTTE. Leur désespoir leur fait perdre la tête.

BERNARDINE, *à Joli-Cœur.* Aglaé, si naïve !

ÉTIENNETTE, *à Brin-d'Amour.* Éloa, si innocente !

PHLIPOTTE, *riant.* Ah ! ah ! ah !

BRIN-D'AMOUR. Eh ! qui vous parle d'Éloa !

JOLI-CŒUR. Je me fiche pas mal d'Aglaé !

TOUTES. Comment ?

JOLI-CŒUR. V'là ce que c'est. Aujourd'hui dimanche, chez Bancelin, nous faisons la rencontre de deux petites villageoises...

BRIN-D'AMOUR. L'une qui était adorable et que j'aime tout de suite...

JOLI-CŒUR. L'autre qui était aimable et que j'adore tout à coup.

TOUTES. Ah ! mon Dieu !

BRIN-D'AMOUR. Mais à peine avions-nous fait connaissance...

JOLI-CŒUR. Qu'on nous les enlève.

PHLIPOTTE. Elles aussi !

BRIN-D'AMOUR. L'appel se fait entendre...

JOLI-CŒUR. Et nous sommes obligés de rentrer au quartier !

BRIN-D'AMOUR. En sortant de chez Bancelin, nous apercevons un carrosse...

JOLI-CŒUR. Après l'appel nous courons après le carrosse...

BRIN-D'AMOUR. Sans pouvoir l'atteindre... et désespérés...

JOLI-CŒUR. Nous venons pleurer ici... Oh ! je vous en prie, jeunes filles, essuyez nos larmes.

PHLIPOTTE. Eh ! mon Dieu ! qu'ont donc pu faire ces deux villageoises pour être aimées de de vous si vite ?

JOLI-CŒUR. Ce que vous ne feriez pas vous-même, soit dit sans vous offenser.

BRIN-D'AMOUR. Oh ! oui.

TOUTES. Voyons.

JOLI-CŒUR. Écoutez !..

Air de *Fleurette.*

Sachez que la beauté que j'aime,
Mangea d'un très-bon appétit,
Pâtés, biscuit, tarte à la crème...

TOUTES.

Nous aurions pu faire de même.

JOLI-CŒUR.

Écoutez la fin d' mon récit.
Sitôt qu'elle eut, dans son ivresse,

Pris large part à ce gala,
Elle s'enfuit avec sagesse,
Et sans me laisser son adresse...
C' n'est pas vous qui feriez cela !

BRIN-D'AMOUR ET JOLI-CŒUR.

C' n'est pas vous qui feriez cela.

BRIN-D'AMOUR.

DEUXIÈME COUPLET.

Impossibl' de tenter ma belle,
Et de lui rien faire accepter;
De réserve c'est un modèle...

TOUTES.

Nous eussions tout's agi comme elle.

BRIN-D'AMOUR.

Vous me permettrez d'en douter.
Simple fille de la campagne,
Quelle humble retenu' elle a !
Malgré l'exemple d' sa compagne
Elle a r'fusé de boir' du champagne...
C' n'est pas vous qui feriez cela.

JOLI-CŒUR ET BRIN-D'AMOUR.

C' n'est pas vous qui feriez cela.

ÉTIENNETTE. Mais dites donc, messieurs les militaires, si vous êtes venus ici pour nous dire des sottises... (*Ici un grand bruit se fait entendre comme celui d'un carrosse qui se brise ; puis on entend plusieurs voix en dehors. Musique.*)

TOUS. Qu'est-ce donc?

PHLIPOTTE, *à la fenêtre.* Un carrosse renversé.

BRIN-D'AMOUR. Juste ciel! celui que nous suivions.

TOUTES. Se peut-il?

JOLI-CŒUR. Oui, ma foi.

BRIN-D'AMOUR. Ah! je cours...

JOLI-CŒUR. Veux-tu bien rester.

BRIN-D'AMOUR. Laisse-moi.

JOLI-CŒUR. Puisqu'elles viennent ici.

PHLIPOTTE. Ah! mon Dieu, si l'on vous voit... Madame qui peut rentrer.

JOLI-CŒUR. Cachons-nous...

BRIN-D'AMOUR. Mais...

BERNARDINE. Les voici!

JOLI-CŒUR. Ce cabinet... (*Il entre à gauche.*)

BRIN-D'AMOUR. Celui-ci. (*Il entre à droite.*)

ÉTIENNETTE. Il était temps!

SCÈNE III.

LES MÊMES, LA RIPAILLIÈRE, RAVINET, ANTOINETTE ET TOINON ; *Ravinet boite.*

RAVINET. Au diable le carrosse!... je me suis cru mort.

LA RIPAILLIÈRE. Heureusement, vous êtes la seule victime de cette chute.

RAVINET. Oh! oui, c'est bien heureux!

TOINON. C'est égal! j'ai eu bien peur.

ANTOINETTE. Mais comment ne sommes-nous pas encore à Romainville?... vous nous aviez dit qu'il ne fallait qu'une heure.

LA RIPAILLIÈRE. C'est la faute de ces maudits soldats... pour les éviter, j'ai fait prendre au cocher une autre route ; il s'est perdu (*Après avoir échangé un signe d'intelligence avec Phlipotte.*) et c'est à peine si à présent nous savons où nous sommes.

PHLIPOTTE, *qui comprend.* Mais vous êtes ici chez mademoiselle Bertin, la modiste de la cour.

LA RIPAILLIÈRE. Ah! mon Dieu! nous nous sommes encore éloignés... et ce maudit accident... impossible de nous remettre en route avant une heure.

ANTOINETTE. Une heure!...

TOINON, *qui depuis un instant parcourt le magasin.* Oh! que c'est beau! que c'est donc beau!

LA RIPAILLIÈRE. Heureusement, pendant qu'on va réparer notre carrosse, vous trouverez ici bien des colifichets à admirer... et j'y pense, riches comme vous l'êtes à présent, vous ne pouvez paraître au pays vêtues en villageoises... Faites un choix parmi ces brillantes étoffes; je mets tout le magasin à votre disposition.

TOINON. Eh quoi! ces beaux casaquins!...

ANTOINETTE. Toinon, y penses-tu?

PHLIPOTTE. Oh! Mademoiselle, ce n'est rien que cela; nous avons de ce côté bien d'autres merveilles.

TOINON. Oh! voyons!

ANTOINETTE. Eh quoi! tu veux...

TOINON. Je veux voir; marraine ne m'a pas défendu de voir!

ANTOINETTE *allant s'asseoir à droite.* Oh! c'est un sort qu'on nous a jeté.

LA RIPAILLIÈRE, *bas, aux ouvrières.* Dix louis pour vous, si dans dix minutes vous avez fait une petite marquise (*Désignant Toinon.*) de cette innocente paysanne. (*Désignant Antoinette.*) Quant à celle-ci, je m'en charge.

TOINON, *qui examine les robes en étalage.* Ah! les beaux casaquins! les beaux casaquins!

ÉTIENNETTE. Venez, vous en verrez bien d'autres!

ANTOINETTE. Toinon! je t'en prie!..

TOINON. Puisque c'est seulement pour voir.

BERNARDINE, *à Ravinet qui les suit, sur un signe de La Ripaillière.* Eh bien! où allez-vous donc, Monsieur?

RAVINET. Je veux voir aussi.

ÉTIENNETTE. Vous ne pouvez pas.

RAVINET. C'est mon état.

ÉTIENNE. Son état?.. sans doute, c'est un fabricant de corsets.

PHLIPOTTE, *à Toinon.*

Air de *Couder.*

Suivez-nous, et, je l'espère,

Vous allez admirer tout ;
C'est ici le sanctuaire
Du caprice et du bon goût.

ENSEMBLE.

LES OUVRIÈRES.

Suivez-nous, etc.

LA RIPAILLIÈRE.

Suivez-les, et, je l'espère, etc.

ANTOINETTE.

Ah ! ne les suis pas, ma chère,
Et n'accept' rien du tout ;
Évite le sanctuaire
Du caprice et du bon goût.

TOINON.

Oh ! rassure-toi, ma chère,
Je n'accept'rai rien du tout.
C'est pour voir le sanctuaire
Du caprice et du bon goût.

RAVINET.

Suivez-les, et, je l'espère, etc.

Toutes les ouvrières, précédées de Toinon et suivies de Ravinet, entrent dans une pièce latérale.)

SCÈNE IV.

LA RIPAILLIÈRE, ANTOINETTE.

(*Pendant cette scène, Brin-d'Amour, caché dans le cabinet à droite, entr'ouvre quelquefois la porte pour écouter.*)

ANTOINETTE. Ah ! mon Dieu ! c'est qu'elle y va pourtant ! et vous ne l'en empêchez pas, Monsieur?..

LA RIPAILLIÈRE. Que je l'empêche de se rendre plus jolie, et pourquoi donc?

ANTOINETTE. Parce que c'est mal.

LA RIPAILLIÈRE. C'est mal d'être bien !.. mais comprenez donc qu'avec un peu de toilette, elle va être mille fois plus charmante... presque aussi charmante que vous, si vous vouliez écouter la raison.

ANTOINETTE. Vous voulez dire la coquetterie...

LA RIPAILLIÈRE. Mais la coquetterie chez une femme, n'est-ce pas de la raison, n'est-ce pas le moyen de plaire... davantage à celui qu'on aime.

ANTOINETTE. Mais, Monsieur, je n'aime personne.

LA RIPAILLIÈRE, *lui prenant la main.* On vous aime peut-être...

ANTOINETTE. Oh ! qui que ce soit... je ne veux pas le savoir... (*Retirant sa main.*) Et je veux m'en aller.

LA RIPAILLIÈRE. Quoi ! sans avoir daigné jeter un coup d'œil sur ces délicieux atours !..

ANTOINETTE. Oh ! je ne dis pas... c'est assez gentil... c'est trop gentil... et c'est justement pour ça que je ne veux pas...

LA RIPAILLIÈRE, *qui prend un bonnet à l'étalage.* Un moment, de grâce !.. Eh bien ! oui, là, c'est convenu, vous n'achèterez rien ; mais une jeune fille doit se connaître en colifichets, et, voir ne coûte rien !

Air de *Couder.*

Voyez-vous ces dentelles...

ANTOINETTE.

Oui !

LA RIPAILLIÈRE.

Ces étoffes nouvelles...

ANTOINETTE.

Oui !

LA RIPAILLIÈRE.

Celle-ci vous plaît-elle ?

ANTOINETTE.

Oui !

LA RIPAILLIÈRE.

Qu'elle vous rendrait belle !

ANTOINETTE, *soupirant.*

Oui !

DEUXIÈME COUPLET.

LA RIPAILLIÈRE.

Votre cœur la désire ?

ANTOINETTE.

Non !

LA RIPAILLIÈRE.

Laissez-vous donc séduire...

ANTOINETTE.

Non !

LA RIPAILLIÈRE.

Ah ! soyez moins cruelle !

ANTOINETTE.

Non !

LA RIPAILLIÈRE.

Laissez-vous rendre belle !..

ANTOINETTE.

Non !

LA RIPAILLIÈRE. Mais c'est incroyable ! une jeune fille qui refuse d'être belle !.. comment donc avez-vous été élevée ?

ANTOINETTE. Vous voulez le savoir? mais c'est bien simple ; marraine nous a dit de bonne heure : mes enfants, vous êtes orphelines, vous n'êtes pas riches, faut pas avoir d'ambition, n' faut pas êtr' coquettes. Peut-être ben qu' dans l' monde vous rencontrerez d' belles dames qu'auront d' belles robes, des bijoux, d' brillants carrosses... faut pas les envier, faut pas êtr' jalouses... c'est pas tout ça qui fait l' bonheur. Travaillez bien, soyez sages, honnêtes, et si vous n'avez que des habits de paysannes n'en rougissez pas, portez-les fièrement, et soyez certaines qu'avec de la sagesse, de l'honneur et des vertus, vous serez toujours assez jolies.

LA RIPAILLIÈRE. Mais cette marraine-là n'entend rien... à la toilette, et si mademoiselle Bertin était là, elle vous dirait que la sagesse est encore plus charmante avec un pouf à la mode, que l'honneur ne perd rien de son mérite avec des paniers à dentelles, et qu'enfin, la vertu brille cent fois mieux avec des diamants.

ANTOINETTE. Écoutez-moi, Monsieur; ce matin, notre marraine nous a confiées à vous. Vous aviez pris l'engagement de nous faire traverser Paris tout d'une traite; nous ne devions nous arrêter nulle part.

LA RIPAILLIÈRE. Eh bien?

ANTOINETTE. Eh bien! depuis ce matin, vous avez déjà manqué deux fois à votre engagement... d'abord, en nous forçant d'entrer chez un pâtissier, et ensuite en nous amenant ici, malgré vous, je veux le croire; mais enfin, vous nous y retenez... vous êtes cause que nous désobéissons à marraine, et, pour ma part, je ne veux plus lui désobéir, et je veux m'en aller.

LA RIPAILLIÈRE, *à lui-même.* Tudieu ! le petit démon ! (*Haut.*) Du moins, vous attendrez bien votre cousine?

ANTOINETTE. Je n'attendrai rien du tout; je partirai sans elle, sans vous, toute seule, à pied, plutôt que de rester une minute de plus ici.

LA RIPAILLIÈRE. Toute seule, à pied ! Ah ! mais, vous êtes sous ma sauvegarde... je réponds de vous...

ANTOINETTE. Personne que moi ne répond de moi, Monsieur.

LA RIPAILLIÈRE. Eh bien, soit ! je ne vous demande que le temps d'aller chercher un fiacre.

ANTOINETTE. Attendre encore !

LA RIPAILLIÈRE.

Air de *Gastibelza.*

Sans retards,
Oui, je pars,
Elle cèdera sans doute,
Sitôt qu'elle verra
La mise que l'autre aura.

ENSEMBLE.

Sans retard, etc.

ANTOINETTE.

Sans retard,
Lorsqu'il part,
Ne pouvoir me mettre en route.
Rien ne me sauvera,
Et Toinon qui n'est pas là !

(*La Ripaillière sort.*)

SCÈNE V.

BRIN-D'AMOUR, ANTOINETTE.

BRIN-D'AMOUR, *sortant du cabinet à droite.* Ah ! quel vieux gueux !

ANTOINETTE, *l'apercevant, à elle-même.* Ciel ! ce jeune militaire de ce matin !

BRIN-D'AMOUR, *qui a descendu la scène.* Ah ! Mademoiselle, que c'est bien, que c'est gentil !.. que c'est sage !..

ANTOINETTE. Vous étiez là ?

BRIN-D'AMOUR. Oui !.. et j'ai tout entendu : les provocations tentatrices de cet homme et vos résistances si vives, si honnêtes, si charmantes.

ANTOINETTE. J'ai donc bien fait de refuser ?

BRIN-D'AMOUR. Certainement ! Est-ce qu'on doit jamais accepter quelque chose d'un vieux vilain comme ça !

ANTOINETTE. Il aurait été beau que ç'aurait été tout de même.

BRIN-D'AMOUR. Mais s'il avait été jeune ?

ANTOINETTE. Encore tout de même.

BRIN-D'AMOUR. Mais s'il avait été votre ami ?

ANTOINETTE. Encore tout de même.

BRIN-D'AMOUR. Mais s'il avait été... moi ?

ANTOINETTE, *légèrement émue.* Vous ?

BRIN-D'AMOUR. Oui... est-ce que vous m'auriez refusé ?

ANTOINETTE. Mais... encore tout de même.

BRIN-D'AMOUR. Pourtant ce matin, moi, j'ai accepté la moitié de votre repas.

ANTOINETTE, *souriant.* La moitié d'une noix...

BRIN-D'AMOUR, *qui a pris une pointe de fichu à l'étalage.* Eh bien ! bagatelle pour bagatelle ; acceptez à votre tour...

ANTOINETTE, *de même.* Un fichu ! pour la moitié d'une noix !

BRIN-D'AMOUR, *montrant la pointe.* Ce n'est que la moitié d'un fichu... oh ! je vous en prie, permettez-moi de vous l'offrir.

Air d'*Aristippe.*

Ça ne pourrait vous rendre plus jolie,
Mais ça pourrait me rendre si content !
Ah ! par pitié, je vous en prie,
Acceptez ce simple présent.

ANTOINETTE, *à part.*

Allons, à son tour à présent !

BRIN-D'AMOUR.

Le refuser serait me faire injure...

ANTOINETTE, *vivement.*

Non, non, Monsieur.
(*A part.*)
De lui plus que d'aucun,
Je l'accepterais, j'en suis sûre,
Si je pouvais l'accepter de quelqu'un.

BRIN-D'AMOUR. Ah ! c'est mal, c'est bien mal !..

SCÈNE VI.

LES MÊMES, JOLI-CŒUR.

JOLI-CŒUR. Ah ! c'est bien ! c'est magnifique !

BRIN-D'AMOUR. Joli-Cœur !

ANTOINETTE. Encore ce militaire!..

JOLI-CŒUR. Ah! c'est vous, c'est toi..... si tu savais... là, caché dans l'ombre, derrière cette porte...

BRIN-D'AMOUR. Achève?..

JOLI-CŒUR.

Air de *Calpigi*.

On m'a parlé de la toilette
Qu'à Cythère Vénus a faite,
De la toilette de Junon,
De la toilette de Ninon,
De la toilette de Maint'non ;
Mais toutes ces riches toilettes
De déesses ou de coquettes
Ne sont rien en comparaison
De la toilette de Toinon.

ANTOINETTE. Eh quoi! ma cousine..... (*On entend rire à la cantonade.*)

JOLI-CŒUR. C'est-elle! elle vient ici dans tous ses atours.

ANTOINETTE. Oh! la malheureuse!..

SCÈNE VII.

LES MÊMES, LES OUVRIÈRES ET TOINON, *vêtue en grande dame.*

CHŒUR.

Air ; *Colombe et perdreau.*

Place, place pour
La petit' marquise!..
Enfin elle est mise
En dame de cour.
Rien de plus exquis
Que cette toilette,
Sa grâce parfaite
F'ra tourner la tête
A tous nos marquis.

TOINON.

Cet habit nouveau,
Dieu! que c'est donc beau!

ANTOINETTE.

Est-ce obéir à marraine?
Tu devrais rougir.

TOINON.

Peut-on sans plaisir
Se voir vêtu' comme un' reine.
Voyez donc le beau plumet,
Comm' c'est coquet!
Et cette robe élégante!
Quand je marche ou quand je cours
Ça m' suit toujours.
Ah! cette toilette est charmante!

REPRISE DU CHŒUR.

Place, place pour
La petit' marquise, etc.

ANTOINETTE, *parlant de Toinon et soupirant.* Ah! c'est que tout de même, elle est plus jolie comme ça!

BRIN-D'AMOUR. Alors, Mademoiselle, raison de plus pour accepter...

ANTOINETTE, *prenant la pointe de fichu que lui présente Brin-d'Amour.* Mais oui!.. (*Elle a mis le fichu qu'elle ôte presque aussitôt.*) Oh! non, non, il faut partir.

TOINON. Partir à pied, pour le village!.. avec une toilette pareille!

Air : *Ah! que je suis gentille.*

Avec cette parure,
On se carre où l'on va!
Il faut une voiture
A ce costume-là!
Ah! ah! ah!
Comme je dois plaire déjà!
Ah! ah! ah!
Personne ne me r'connaîtra!

ANTOINETTE. *Parlé.* Mais tu as donc tout oublié?

TOINON. Quoi?

ANTOINETTE. Le testament de notre oncle!

TOINON. Eh bien!

ANTOINETTE. Les prières de marraine!

TOINON. Mais non, mais non..... je n'ai rien oublié, c'est toi qui ne comprends pas!..

(*Continuant l'air.*)

Il faut qu'un' jeun' fill' soit parée
Pour imposer aux amoureux.
Plus une belle est admirée
Et moins on lui fait les doux yeux!

ANTOINETTE. *Parlé.* Mais c'est le contraire... mais tu es folle!... Toinon, je t'en supplie!..

TOINON.

Ah! que je suis gentille
Sous ce costume-là!
Pour une jeune fille
Le bonheur le voilà!
Ah! ah! ah!
Comme je dois plaire déjà!
Ah! ah! ah!
Personne ne me r'connaîtra.

CHŒUR.

Vraiment, comm' elle doit plaire déjà,
Personne ici ne la reconnaîtra!

ANTOINETTE. Ah! c'en est trop! heureusement que le cousin La Ripaillière est allé chercher une voiture.

JOLI-CŒUR. Une voiture... qui?.. le vieux laid de ce matin? (*On entend rouler une voiture au dehors.*)

ANTOINETTE. Ah! sans doute, c'est lui!

BRIN-D'AMOUR. Partir déjà?

JOLI-CŒUR, *à part.* On nous les enlèverait

encore! oh! quelle idée!.. le petit escalier du boudoir...

ANTOINETTE. Oui! c'est lui qui vient nous chercher...

BRIN-D'AMOUR. Ah! cette fois, je vais au-devant de lui! il me tuera avant de vous arracher d'ici! (*Il sort.*)

ANTOINETTE. Ah! mon Dieu! et personne!..... personne pour nous protéger!

JOLI-COEUR. Si fait!.. moi!..

ANTOINETTE ET TOINON. Vous!..

JOLI-COEUR. Mon ami a tort, il a le plus grand tort, on peut-être amoureux... mais il faut respecter les cousins, même quand ils sont laids.... Veuillez vous fier à moi, Mesdemoiselles, je vais vous mettre dans le carrosse qui est en bas..... et sans que Brin-d'Amour puisse vous apercevoir.

ANTOINETTE. Mais, notre cousin, Monsieur...

JOLI-COEUR. Avec votre cousin!

Air de *Montaubry*.

Vite, au-devant de lui,
Suivez-moi par ici!

ANTOINETTE.

Vous suivre?

JOLI-COEUR.

Par ici,
Au-devant de lui!

LES OUVRIÈRES.

Déjà partir d'ici,
Les enlever ainsi.
Et c'est lui
Qui leur parle ainsi!

ANTOINETTE, TOINON, RAVINET.

Vite au-devant de lui,
Suivons-le par ici.
Dieu merci, (*bis.*)
Nous sortons d'ici.

(*Joli-Cœur sort par la gauche entraînant les jeunes filles. Ravinet les suit.*)

SCÈNE VIII.

LES OUVRIÈRES, BRIN-D'AMOUR, LA RIPAILLIÈRE.

BRIN-D'AMOUR, *entrant du fond, se colletant avec La Ripaillière.*

Non, non! quand tu serais son père,
Jamais, jamais tu ne l'enlèveras!

LA RIPAILLIÈRE.

Ah! ce militaire
Ici m'exaspère!
(*Aux ouvrières.*)
Où sont-elles? parlez! partons de ce pas,
Car le fiacre est en bas!

PHILIPOTTE, *à la fenêtre.* Les voici dans ce fiacre.

LA RIPAILLIÈRE, *y courant.* Que vois-je? un militaire!

BRIN-D'AMOUR, *qui l'a suivi.* C'est Joli-Cœur!..

ENSEMBLE.

LA RIPAILLIÈRE.

C'est vraiment une horreur,
J'étouffe de fureur,
Ah! malheur, oui, malheur
A ce ravisseur!

LES OUVRIÈRES.

C'est vraiment un bonheur
Pour l'heureux ravisseur!
Quel farceur! (*bis.*)
Que ce Joli-Cœur!

BRIN-D'AMOUR.

Eh quoi! c'est Joli-Cœur,
C'est lui le ravisseur!
Oh! bonheur. (*bis.*)
Comme bat mon cœur!

FIN DU TROISIÈME ACTE.

ACTE QUATRIÈME.

Le théâtre représente le jardin des Porcherons.

SCÈNE PREMIÈRE.

PHILIPOTTE, ÉTIENNETTE, BERNARDINE, LA TULIPE, SOLDATS, GRISETTES, BUVEURS ATTABLÉS.

(*Au lever du rideau, la scène est couverte de danseurs et de danseuses. — On joue l'air de la Monaco et quelques jeunes filles dansent sur le devant de la scène.*)

PHILIPOTTE. Ouf! je n'en puis plus!

LA TULIPE. Déjà!

PHILIPOTTE. Ah! je m'humecterais volontiers.

LA TULIPE. Garçon!... des rafraîchissements comme s'il en pleuvait! et pendant que ces demoiselles vont se reposer, en avant la ronde des Porcherons!.. Que tout le monde fasse chorus!

TOUS. Vivat!

Air de la *Ronde des Porcherons.*

LA TULIPE.

Vivent les Porcherons!
Venez, jolis tendrons,
Quand la danse

Commence
A la danse, courons !

CHŒUR.

Vivent les Porcherons, etc.

LA TULIPE.

Arrière, vieux époux jaloux,
Moralistes sévères !
Jeunes amants, rassemblons-nous
Au joyeux bruit des verres !
Où trouver de vieux vignerons,
Et de charmants quadrilles !
Où trouver les plus francs lurons,
Et les plus belles filles !
Bref, où les céladons
Trouvent-ils les tendrons
Ornés des appas les plus ronds ?
Mais c'est aux Porcherons !

CHŒUR.

Vivent les Porcherons !
Venez, jolis tendrons,
Nous rirons, chanterons,
Venez aux Porcherons !
Joyeux lurons,
Joyeux tendrons,
Venez danser aux Porcherons.

DEUXIÈME COUPLET.

LA TULIPE.

Dans cet endroit charmant
On trouve à tout moment
Mainte fille
Gentille,
Sans papa, ni maman !

CHŒUR.

Dans cet endroit charmant, etc.

LA TULIPE.

La femme y vient sans son mari,
Le mari sans sa femme.
En cachette on se rend ici,
En cachette on s'enflamme !
En cachette la nuit, le jour,
On s'y met en goguette,
En cachette on y fait l'amour,
Tout s'y fait en cachette !
En dépit du grand ton,
Et du qu'en dira-t-on
Tous les amours par escadrons
Viennent aux Porcherons.

CHŒUR.

Vivent les Porcherons, etc.

TOUS. Bravo ! bravo ! et vive la joie !

BERNARDINE, *entrant.* Comment ! vous restez sous ces bosquets pendant qu'on danse sur la grande pelouse ?

PHLIPOTTE. Est-ce que les ménétriers sont venus ?

BERNARDINE. V'là qui z'arrivent.

ÉTIENNETTE. En ce cas, à la danse !

TOUS. A la danse.

REPRISE.

Vivent les Porcherons, etc.

(*Sortie générale par la gauche.*)

SCÈNE II.

JOLI-CŒUR, TOINON.

TOINON, *entrant du fond, à droite, au bras de Joli-Cœur.* Ah ! le beau jardin, le magnifique jardin ! Comment ! monsieur Joli-Cœur, c'est ça qu'on appelle les Porcherons ?

JOLI-CŒUR. Oui, mam'selle, un établissement fréquenté par ce qu'il y a de mieux, et la preuve c'est que vous y v'là.

TOINON. Dites donc, si nous rencontrions quelqu'un, avec ma belle toilette, faudrait-y que je baisse les yeux ?

JOLI-CŒUR. C'est inutile, vous joueriez de l'éventail.

TOINON, *s'éventant.* De ça, comme ça ?.. Tiens c'est amusant, ça fait frais !

JOLI-CŒUR. Ah ! justement v'là un bosquet, v'nez, Mam'selle...

TOINON. Non pas, non pas ! ma cousine m'attend dans le fiacre avec le monsieur qui écrit, et maintenant que je sais c' que c'est que les Porcherons, j' veux aller la r'joindre.

JOLI-CŒUR. Du tout, c'est à elle à nous rejoindre, une mijorée qui n'a pas seulement voulu descendre de fiacre...

TOINON. Ça, c'est vrai qu'elle est d'un entêtement...

JOLI-CŒUR. D'ailleurs, vous dites connaître les Porcherons, mais, innocente jeune fille, vous ne connaissez rien de rien.

TOINON. Y a encore queuque chose ?

JOLI-CŒUR.

Air de *Michel et Christine.*

Garçons et fillettes,
Soldats et grisettes,
Marquis, barons
Dansent aux Porcherons.
Et sans étiquette
Même à la grisette
Plus d'un marquis
Vient faire vis-à-vis.

TOINON.

Quoi ! des marquis à la guinguette !
Je n'en reviens pas, en vérité.

JOLI-CŒUR.

C'est un endroit, je vous l' répète,
On ne peut pas mieux fréquenté.

TOINON, *à part.*

Dam' puisque l' beau monde vient ici,
J' crois que j' peux bien y venir aussi.

JOLI-CŒUR.
Ah! ah! ah!
Le bonheur est là,
Il n'est rien que là,
Vous verrez cela.

ENSEMBLE.

Ah! ah! ah!
D'après tout cela,
Le bonheur, il est où nous voilà.

JOLI-CŒUR.

DEUXIÈME COUPLET.

Ici, sous l'ombrage
D'un épais feuillage,
Dans maint bosquet
L'on se rend en secret;
Surtout les comtesses,
Surtout les duchesses,
Qui franchement
Trouvent celà charmant.

TOINON.
Aux Porcherons, quoi, des duchesses!

JOLI-CŒUR.
Ça vous étonne, mais en ces lieux,
On trouve même des princesses
Sous ces bosquets mystérieux.

TOINON.
Si des princesses s'y cach'nt ainsi,
Moi j' peux bien m'y cacher aussi.

REPRISE DE L'ENSEMBLE.

Ah! ah! ah!
Le bonheur est là,
Il n'est rien que là,
Moi je crois
Vous verrez celà.
Ah! ah! ah!
D'après tout cela,
Le bonheur, il est où nous voilà.

TOINON, *à Joli-Cœur qui vient de l'entraîner sous le bosquet.* Eh bien! ousque vous me menez donc?

JOLI-CŒUR. Nous reposer un brin.

TOINON. Nenny... je n' suis pas fatiguée, j' descends de voiture.

JOLI-CŒUR. Oui, j' sais bien; mais c'est la voiture qui m' fatigue... quand j' descends d' voiture, j'ai besoin de m'asseoir. (*Ici l'on entend à la cantonade un air de contre-danse.*

TOINON. Ah! qu'est-ce que j'entends donc?

JOLI-CŒUR. Quoi donc?

TOINON. Tiens! c'est le crincrin.

JOLI-CŒUR. On danse là-bas.

TOINON. On danse!

JOLI-CŒUR, *l'entraînant du côté du bosquet.* Venez par ici.

TOINON. Mais puisqu'on danse par là!..

JOLI-CŒUR. Raison de plus, nous serons seuls.

TOINON. Seuls!..

JOLI-CŒUR.
Air de *la Retraite.*
Venez, venez sous ce bosquet.

TOINON.
Mais sous ce bosquet? pourquoi, s'il vous plaît?

JOLI-CŒUR.
Mais... c'est pour vous dire tout bas
Queuqu' chos' que vous n' connaissez pas.

TOINON, *le suivant.*
Ah! que l'on a bien raison de dire
Que l'on n'apprend rien dans son pays,
Et qu'une jeun' fille pour s'instruire
A bien besoin de v'nir à Paris!

SCÈNE III.

LES MÊMES, *sous le bosquet,* ANTOINETTE ET RAVINET, *arrivant par le fond.*

ENSEMBLE.

TOINON ET JOLI-CŒUR.
Sous ce bosquet, tous deux, entrons,
Faites-moi connaître / Vous allez connaître } les Porcherons.
C'est dans ce séjour enchanteur
Que doit habiter le bonheur.

RAVINET ET ANTOINETTE.
Cherchons, cherchons, tous deux cherchons,
Il faut visiter tous les Porcherons.
Cherchons, cherchons avec ardeur,
Toinon et monsieur Joli-Cœur.

ANTOINETTE.
Je suis désolée!
Où donc se cache-t-elle ainsi?
Je prends cette allée...
(*A Ravinet.*)
Cherchez ici.

REPRISE.

Sous ce bosquet, etc.
Cherchons, cherchons, etc.

(*Antoinette sort du côté de la danse; Ravinet reste en scène.*)

SCÈNE IV.

JOLI-CŒUR, TOINON, *sous le bosquet,* RAVINET.

TOINON, Pourquoi donc que vous prenez ma main comme ça?

JOLI-CŒUR. Parce que nous sommes dans un bosquet.

TOINON. Ah! c'est donc permis dans les bosquets?

JOLI-CŒUR. C'est plus que permis, c'est commandé.

RAVINET, *qui cherche des yeux.* Il me semble que j'ai entendu...

TOINON, *à qui Joli-Cœur prend la taille.* Ah! mais! ah! mais! pourquoi donc que vous me prenez la taille comme ça?

JOLI-CŒUR. Toujours, parce que nous sommes dans un bosquet, et que c'est commandé.

TOINON. Commandé?.. je vous le défends.

RAVINET, *qui s'est approché, à lui-même.* La voix de Toinon.

TOINON. Finissez!., c'est des bêtises.

RAVINET, *s'approchant.* J'étais sûr qu'en la retrouvant j'aurais à enregistrer des bêtises. (*Il entre sous le bosquet, et va se placer à côté de Toinon.*)

JOLI-CŒUR. Dites donc, dites donc, Monsieur, ce bosquet est occupé.

RAVINET. Ne faites pas attention.

TOINON. Tiens!.. C'est l'homme aux écritures! Eh bien! et ma cousine?

RAVINET. Elle vous cherche.

JOLI-CŒUR. Mais c'est insupportable d'être toujours dérangé...

RAVINET. Que je ne vous dérange pas!..

JOLI-CŒUR. Venez, Toinon. (*Joli-Cœur et Toinon se lèvent et sortent du bosquet, suivis par Ravinet qu'ils ne voient pas.*) Ce monsieur est un manant; venir dans notre bosquet, troubler notre tête-à-tête!

TOINON. Ah! quand on est dans un bosquet, c'est un tête-à-tête?

JOLI-CŒUR. Oui, et nous allons causer seul à seul, loin de ce mouchard des amours. (*Se retournant et apercevant Ravinet qui est sur ses talons.*) Comment! c'est encore vous?

RAVINET. Toujours moi.

JOLI-CŒUR. Parole d'honneur, vous seriez payé pour nous suivre...

RAVINET. C'est qu'en effet, je suis payé pour ça.

TOINON ET JOLI-CŒUR. Payé!..

RAVINET. A la charge par moi d'inscrire tout ce que vous ferez..

JOLI-CŒUR. D'inscrire tout ce que je ferai? vous aurez de la besogne.

Air: *Voyage* (bis.) *désormais qui voudra.*

J'agis beaucoup, c'est ma coutume,
Or, n'oubliez aucun détail;
Bien vite, taillez votre plume,
Je vais vous tailler du travail..

(*Il lui applique un coup de pied au derrière.*)

RAVINET.

Oh! ciel! quelle conduite!

JOLI-CŒUR.

Inscrivez ça bien vite.

RAVINET, *écrivant.*

C'est sur papier timbré
Enregistré.

JOLI-CŒUR.

Je ne veux pas vous prendre en traître
Une croquignole!

RAVINET.

Animal!

JOLI-CŒUR.

Un' chiqu'naud'!

RAVINET.

Brutal!
Vous m' faites mal.

JOLI-CŒUR, *lui donnant un renfoncement.*

Bref! un coup de poing colossal
A mettre (*bis.*)
Sur ton procès-verbal.

RAVINET, JOLI-CŒUR ET TOINON.

A mettre (*bis.*)
Sur le procès-verbal.

(*Joli-Cœur sort en entraînant Toinon par la droite.*)

RAVINET, *seul.* Ah! c'est ainsi... ah! l'on en vient aux voies de fait! Eh bien! je ne les quitte plus, j'enregistre avec rage tout ce qu'ils feront. Je crois que j'en vais enregistrer de belles. (*Ici un grand bruit à la cantonade, côté gauche.*) Ce bruit! ah! ce sont des soldats. Vite rejoignons nos tourtereaux. (*Il sort par la gauche.*)

SCÈNE V.

LES MÊMES, ANTOINETTE, LA TULIPE, SOLDATS.

(*Tous les soldats poursuivent Antoinette.*)

CHŒUR.

Air de la *Tentation de Saint-Antoine.*

C'est en vain
Qu'un tendron malin
Fait des façons
Aux Porcherons.
A nous cette inhumaine-là!
Soldats, à nous la belle que voilà
Là.

ANTOINETTE.

Messieurs les soldats, laissez-moi donc.

LES SOLDATS.

Non, tu chanteras,
Tu danseras,
Tu valseras.

ANTOINETTE.

Messieurs les soldats, laissez-moi donc.

LES SOLDATS.

Non, tu danseras,
Tu chanteras,
Tu valseras.

REPRISE.

C'est en vain
Qu'un tendron malin
Fait des façons
Aux Porcherons.
A nous cette inhumaine-là,
Soldats, à nous la belle que voilà
Là.

SCÈNE VI.

LES MÊMES, BRIN-DAMOUR.

BRIN-D'AMOUR, *entrant*.
Que se passe-t-il ?

ANTOINETTE, *courant à lui*.
Ah ! lui ! c'est lui !

BRIN-D'AMOUR.
Antoinette ici !

LA TULIPE.
Comment, ils se connaissent ?

BRIN-D'AMOUR.
Oui.

LA TULIPE.
Tant pis, mais, ma foi,
J' suis avant toi.

BRIN-D'AMOUR.
Ça pourra t' fâcher !
Mais j' te défends de l'approcher.

TOUS LES SOLDATS.
C'est en vain
Qu'un tendron malin
S' fait faire la cour
Par Brin-d'Amour,
A nous cette inhumaine-là, etc.

(*Les soldats ont voulu s'emparer d'Antoinette, Brin-d'Amour est parvenu à la saisir, il l'a fait passer devant lui, lui sert de rempart et dit :*)
Misérables !

LA TULIPE.
Air de *Turenne*.
Eh quoi ! Brin-d'Amour, tu te fâches.

BRIN-D'AMOUR.
Vous mettre quatre contre nous !
Vous êtes des lâches !

TOUS.
Des lâches !

BRIN-D'AMOUR.
Moi seul, je vous provoque tous.

LES SOLDATS, *riant*.
Quoi, seul, il nous provoque tous!

BRIN-D'AMOUR.
Mon bras est plus sûr que les vôtres,
Le nombre ici doit ne compter pour rien ;
Mais seulement voudrez-vous bien
Venir les uns après les autres. (*bis*.)

ANTOINETTE. Un duel!

LA TULIPE.
Air : *Toi qui connais les housards de la garde*.
C'est bien, là-bas,
Je vais aller l'attendre.

BRIN-D'AMOUR.
En pareil cas
Crois bien qu'on n' m'attend pas.
Au rendez-vous
Vous pouvez tous
Vous rendre.
Au rendez-vous
J'arrive en mêm' temps qu' vous !

LA TULIPE.
Dans combien de temps ?

BRIN-D'AMOUR.
Attends
Seulement dix minutes.

LA TULIPE.
C'est bien, nous serons
Sous le grand mur des Porcherons.
Je suis fort doux, mais
Quand on me cherche des disputes,
J' suis dur à l'excès
Et je ne recule jamais.

LES SOLDATS.
C'est bien, là-bas,
Tous nous allons t'attendre.
En pareil cas
Tâch' qu'on n' t'attende pas.
Au rendez-vous
Nous allons tous
Nous rendre
Au rendez-vous,
Arrive en mêm' temps qu' nous.
(*Les soldats sortent.*)

SCÈNE VII.

ANTOINETTE, BRIN-D'AMOUR.

ANTOINETTE. C'est donc vrai ! vous allez vous battre ! vous battre pour moi !..

BRIN-D'AMOUR. Vive Dieu ! je ne me serai jamais battu pour une si belle cause.

ANTOINETTE. Oh ! je vous en prie, Monsieur, je vous en prie, ne vous battez pas !..

BRIN-D'AMOUR. Oh ! croyez-vous donc que je tienne tant à la vie !

ANTOINETTE, *vivement*. Oh !.. ne dites pas ça !..

BRIN-D'AMOUR. Ah ! si vous m'aimiez...

ANTOINETTE. Vous aimer !.. mais c'est impossible.

BRIN-D'AMOUR. Impossible et pourquoi?

ANTOINETTE. Sans vous connaître, oh ! non, j'en suis sûre, vous me tendez un piége.... L'histoire de Jeannette... oui, c'est cela, comme elle, ce bal, cette guinguette....

BRIN-D'AMOUR. Mademoiselle, veuillez me dire où je dois vous conduire, le temps presse et le camarade avec qui j'ai rendez-vous dans dix minutes...

ANTOINETTE, *à part*. Oh ! mon Dieu ! si pourtant il était vrai. Se battre à cause de moi!

BRIN-D'AMOUR. J'attends, Mademoiselle.

ANTOINETTE. Oh ! vous ne pouvez m'abandonner toute seule ici... vos adversaires vous attendront.

BRIN-D'AMOUR. Oh ! dix minutes seulement.

ANTOINETTE, *à elle même*. Et dire que si je le retenais pendant dix minutes !

FINAL.

Air de *Couder*.

BRIN-D'AMOUR.
Allons, partons, l'heure se passe,
Et vous le savez, on m'attend.

ANTOINETTE.

Je ne demande qu'un instant.
Ne m'abandonnez pas, de grâce!
Puis-je me remettre en chemin
Sans ma cousine et mon cousin!

CHŒUR, *dans la coulisse.*

Vite que l'on se rende
A ce nouveau signal,
Allons, joyeuse bande,
Élargissons le bal.

BRIN-D'AMOUR.

On va danser sous ces charmilles,
Jeunes garçons et jeunes filles
Accourent de tous les côtés.

ANTOINETTE.

Eh quoi! vous me quittez?
Arrêtez! arrêtez!

BRIN-D'AMOUR.

Enfin êtes-vous prête?

ANTOINETTE.

Je ne veux plus partir.

BRIN-D'AMOUR.

Que dit-elle?

ANTOINETTE, *à part.*

A la fête
Je veux, je dois le retenir.

SCÈNE VIII.

LES MÊMES, SOLDATS, GRISETTES.

(*Tous les personnages de la première scène entrant conduits par des ménétriers.*)

CHŒUR.

Vite, que l'on se rende
A ce nouveau signal;
Allons, joyeuse bande,
Élargissons le bal

ANTOINETTE, *à Brin-d'Amour.*

Pour la première contre-danse
A moi d'inviter mon danseur.
Voulez-vous me faire l'honneur?..

BRIN-D'AMOUR.

Danser avec elle, oh! bonheur!
Mais j'ai mon rendez-vous d'honneur.

ANTOINETTE.

Après la contre-danse.

BRIN-D'AMOUR.

Ah! tant pis, au petit bonheur!
Il faut profiter de ma chance,
Après la contre-danse
Je suis certain d'être vainqueur.

UN MUSICIEN, *parlé.* Partez!

(*La danse continue, entre autres la contre-danse nommée la Petite Laitière, tous les cavaliers embrassent leurs dames.*)

SCÈNE X.

LES MÊMES, LA RIPAILLIÈRE, *ensuite* RAVINET.

LA RIPAILLIÈRE, *qui est entré sur la fin de la contre-danse, voyant Brin-d'Amour embrasser Antoinette.*

Suite de l'air.

Que vois-je, est-il possible!
Par un soldat se laisser embrasser!

BRIN-D'AMOUR.

Maintenant je suis invincible!
(*Il va pour sortir.*)

ANTOINETTE.

Eh quoi! vous allez me laisser!
(*A La Ripaillière.*)
Retenez-le, de grâce.
Il veut se battre... il veut partir!

LA RIPAILLIÈRE.

Qui, moi le retenir,
Mais c'est par trop d'audace!

BRIN-D'AMOUR.

Eh bien! je renonce à ce combat fatal.
Si pour vous je me déshonore,
De mon amour, douterez-vous encore,
Me suivrez-vous loin de ce bal?

ANTOINETTE.

Vous suivre!

LA RIPAILLIÈRE.

Le suivre!

ANTOINETTE.

Impossible!

BRIN-D'AMOUR.

Alors adieu...

(*Il sort.*)

ANTOINETTE, *parlé.* Non! non! à tout prix je dois empêcher ce combat! (*Elle s'élance sur les pas de Brin-d'Amour.*)

LA RIPAILLIÈRE. Bon! celle-ci d'abord n'héritera pas. (*A Ravinet.*) Ah! Ravinet... suis Antoinette et le militaire, et inscris tout ce que tu verras!..

RAVINET, *sortant.* Ah! j'ai déjà beaucoup enregistré...

(*Les danses n'ont été interrompues, à l'entrée de La Ripaillière, que sur le devant de la scène; tous les danseurs ont été se réformer en quadrilles au fond: à ce moment, ils prennent un galop général en chantant le chœur final.*)

CHŒUR FINAL.

Air:

LA RIPAILLIÈRE.

Ah! je tiens ma vengeance!
Et me voilà vainqueur!
J'aurai bientôt, je pense,
Et fortune et bonheur!

LE CHŒUR DES DANSEURS.

Vive la contre-danse!
A ce bal enchanteur
Quand la danse commence
Commence le bonheur.

FIN DU QUATRIÈME ACTE.

ACTE CINQUIEME.

Une étude de notaire; portes latérales; portes au fond.

SCÈNE PREMIÈRE.

LA RIPAILLIÈRE, MORISSET.

LA RIPAILLIÈRE. Oui, mon cher Morisset, oui, mon cher notaire, cette charmante petite Toinon, que j'ai ramenée avec moi ici, à Romainville, et que vous avez vue, est seule digne de l'héritage de son oncle Jérôme. C'est un ange d'innocence et de candeur.

MORISSET. Et sa cousine, la demoiselle Antoinette?

LA RIPAILLIÈRE. Une malheureuse, qui a perdu tous ses droits à l'héritage. C'est déplorable, mais c'est comme ça.

MORISSET. Qu'a-t-elle donc fait?

LA RIPAILLIÈRE. Ce qu'elle a fait! des choses à me faire rougir, moi, un procureur!

MORISSET. Mais encore?

LA RIPAILLIÈRE. Elle a scandalisé, même les Porcherons!

Air de *la Robe et les Bottes.*

Au milieu d'une contre-danse.
Je la surpris se laissant embrasser.

MORISSET.

Se peut-il?

LA RIPAILLIÈRE.

Et loin que ma présence
Ait, dans ce cas, paru l'embarrasser.
Elle est partie entraînant avec elle
Un militaire... et je suis convaincu
Qu'elle n'a pas pris cette sentinelle
Afin de garder sa vertu.

MORISSET. Dans ce cas, c'est mademoiselle Toinon qui hériterait toute seule.

LA RIPAILLIÈRE. Certainement... je vous l'ai dit, c'est un ange, et la preuve, c'est que j'en veux faire ma femme.

MORISSET. Vous! au fait, un ange de quarante mille livres de rente.

LA RIPAILLIÈRE. Oh! ce n'est pas sa fortune, c'est son innocence que j'épouse. On pourrait bien lui reprocher quelques petites bagatelles.... mais les bagatelles de l'innocence!

MORISSET. Ah çà, sage, riche et jeune comme elle est, elle consent donc?

LA RIPAILLIÈRE. A m'épouser?.... elle y consentira, et la preuve c'est que j'ai déjà prévenu les témoins... et si vous daignez prier mademoiselle Toinon de se rendre ici..

MORISSET. Volontiers, mais je vous préviens qu'avant de disposer de la part de la demoiselle Antoinette, il me faudra...

LA RIPAILLIÈRE. Des preuves? Puisque je vous dis que vous en aurez d'écrasantes! (*Morisset sort par la droite.*)

SCÈNE II.

LA RIPAILLIÈRE, *seul.* Allons, allons, ça marche à merveille, nous voilà débarrassés de cette petite sainte nitouche d'Antoinette, et reste Toinon, qui malheureusement n'a rien fait d'assez grave... Je l'ai rencontrée seule aux Porcherons, qui cherchait sa cousine, j'ai pris son bras et, en route, après lui avoir fait reprendre ses habits villageois; j'ai eu l'air de la croire très-coupable. Elle s'exagère ses peccadilles et je suis sûr qu'en l'effrayant encore, mais chut! la voilà... à mon rôle!

SCÈNE III.

LA RIPAILLIÈRE, TOINON.

TOINON, *à elle-même, entrant du fond.* Tout cela n'était qu'une épreuve! ce scélérat de militaire s'entendait avec ce scélérat de procureur!.. à ce que m'a dit ce scélérat de procureur...

LA RIPAILLIÈRE, *d'une voix haute.* Vous êtes seule?

TOINON. Ah! que c'est bête! vous m'avez fait peur.

LA RIPAILLIÈRE. Il faut peu de chose pour effrayer les consciences bourrelées de remords.

TOINON. Comment, vous dites?..

LA RIPAILLIÈRE. Je dis que vous êtes bien coupable, Mademoiselle.

TOINON. Moi! (*A part.*) Ah! mon Dieu!

LA RIPAILLIÈRE. Et que si l'on connaissait vos abominables fredaines!

TOINON. Fredaines! mais ce notaire qui vient de me dire que vous m'aviez déclarée innocente comme un petit lapin blanc.

LA RIPAILLIÈRE. C'était pour ménager la pudeur de ce garde-note. Mais on va ouvrir tout à l'heure le testament de votre oncle, et ma conscience me crie que je dois tout dire, je parlerai....

TOINON. Vous parlerez...

LA RIPAILLIÈRE. Je sais tout!

TOINON. Vous savez?

LA RIPAILLIÈRE. Fi! fi! vous devriez rougir!

TOINON. Mais est-ce ma faute?

LA RIPAILLIÈRE. Vous serez déshéritée!

TOINON. Déshéritée!

LA RIPAILLIÈRE. S'attabler avec un soldat chez Bancelin !

TOINON. Mais c'est vous...

LA RIPAILLIÈRE. C'est moi qui vous ai enlevée dans une voiture ; c'est moi qui vous ai conduite aux Porcherons dans une toilette extravagante, c'est moi qui...

TOINON. De grâce!..

LA RIPAILLIÈRE. Non, non, j'ai eu tort de me taire... et...

TOINON. Par pitié, ne dites rien... eh bien ! oui nà !... j'suis bien coupable, mais est-ce que je savais, moi... est-ce que je pouvais me douter... (*Pleurant.*)

LA RIPAILLIÈRE. Certainement je serais bien fâché d'être cause que vous n'héritiez pas... car enfin, c'est un peu ma faute... je n'aurais pas dû vous éprouver.....

TOINON. Bien sûr, ça aurait mieux valu !

LA RIPAILLIÈRE. Oui, mais le mal est fait... et à présent qui diable voudra jamais vous prendre pour femme ? personne... personne...

TOINON. C'est pourtant vrai !

LA RIPAILLIÈRE. Le soldat qui vous a trompée est parti pour les îles.

TOINON. Oh ! le scélérat !

LA RIPAILLIÈRE. Et quand on va lire sur papier timbré ce qui est arrivé...

TOINON, *sanglotant*. Oh ! sur papier timbré !

LA RIPAILLIÈRE. Ecoutez pourtant... il y a peut-être un moyen de tout arranger.

TOINON. Un moyen?

LA RIPAILLIÈRE. Dame ! il faudra que je me sacrifie... mais je suis si bon !

TOINON. Oh ! ca c'est vrai. (*A part et pleurant.*) Vieux gueux, va !

LA RIPAILLIÈRE. Tenez, je ne veux pas réfléchir... je ne veux écouter que ma tendresse pour vous.

TOINON, *à elle-même*. Que veut-il dire?

LA RIPAILLIÈRE. D'ailleurs, c'est moi qui ai fait tout le mal et c'est à moi de le réparer... je suis honnête homme... je n'hésite plus... et je vous offre ma main...

TOINON. Vous m'épouseriez?

LA RIPAILLIÈRE. Tout de suite !

TOINON. Tout de suite ?

LA RIPAILLIÈRE. Ce que vous avez fait est affreux ! épouvantable ! aux yeux du monde, aux yeux du notaire, mais à mes yeux... moi qui vous ai suivie...

TOINON. Eh bien ?

LA RIPAILLIÈRE. Au fond tout cela n'est que bagatelle.

TOINON. Oh ! le champagne que j'ai bu...

LA RIPAILLIÈRE. Bagatelle !

TOINON. La belle robe que j'ai mise.

LA RIPAILLIÈRE. Bagatelle !

TOINON. Mais ma présence aux Porcherons...

LA RIPAILLIÈRE. Bagatelle !

TOINON. Mais... c'est que... je dois...

LA RIPAILLIÈRE. Inutile, je sais tout, c'est moi qui ai tout ordonné.

TOINON. Ah ! bah !

LA RIPAILLIÈRE. Et ça m'est égal.

TOINON, *à part*. Ah ! dame, puisque c'est lui, et que ça lui est égal...

LA RIPAILLÈRE.

Air du *Neveu du Mercier*.

Le péril est extrême,
Et pour vous sauver aujourd'hui,
Il faut à l'instant même
Me prendre pour mari.

TOINON.

Ma surprise est extrême,
Quoi ! pour me sauver aujourd'hui,
Faut-il à l'instant même
Le prendre pour mari.

LA RIPAILLIÈRE.

Le péril est extrême, etc.

SCÈNE IV.

LES MÊMES, MORISSET.

Suite de l'air.

MORISET, *entrant de droite.*

Me voilà prêt pour la lecture.

LA RIPAILLIÈRE.

Ah ! de grâce encore un moment.

TOINON, *à part.*

Pour moi quelle triste aventure !

MORISSET.

Quand lirons-nous le testament ?

LA RIPAILLIÈRE.

Nous revenons dans un moment !
Couple amoureux et tendre,
Pour cinq minutes nous sortons,
Et sans vous faire attendre,
Ici, nous reviendrons.

ENSEMBLE.

TOINON.

Je ne puis m'en défendre,
Puisqu'il le faut, obéissons.
(*A Morisset.*)
Et sans nous faire attendre,
Ici, nous revenons.

LA RIPAILLIÈRE.

Couple amoureux et tendre, etc.

MORISSET.

Couple amoureux et tendre
Puisque vous l'exigez, allons,
Je m'en vais vous attendre,
Mais au moins soyez prompts.

(*La Ripaillière et Toinon sortent par le fond.*)

SCÈNE V.

MORISSET, *seul*. Je ne sais pourquoi, mais ce La Ripaillière ne m'inspire aucune confiance. Ce mariage précipité en l'absence de l'autre héritière... Est-ce qu'il machinerait quelque perfidie?... mais un instant! Il peut être sûr que je ne délivrerai le legs que bien convaincu de la culpabilité de la demoiselle Antoinette... et il me paraît bien étrange qu'une fille élevée au village...

SCÈNE VI.

MORISSET, ANTOINETTE.

ANTOINETTE, *entr'ouvrant la porte du fond*. C'est ici...

MORISSET. Quelle est cette jeune fille?

ANTOINETTE. Monsieur Morisset, Monsieur, s'il vous plaît?

MORISSET. C'est moi, Mademoiselle.

ANTOINETTE, *descendant la scène*. Ah! mon Dieu, Monsieur, dites-moi vite! ma cousine Toinon est-elle ici? J'ai si peur qu'il ne lui soit arrivé quelque chose!

MORISSET. Rassurez-vous, Mademoiselle, elle est ici.

ANTOINETTE, *avec joie*. Ah!

MORISSET. Elle y a été amenée par M. La Ripaillière lui-même, et il ne lui est rien arrivé de fâcheux.

ANTOINETTE. Ah! tant mieux!

MORISSET. Et j'aurais bien désiré qu'il en eût été de même pour vous.

ANTOINETTE. Vous êtes bien bon, Monsieur, mais il n'a pas dépendu de moi de ne pas mal faire... (*Elle pleure.*) Ah! ma pauvre marraine m'avait pourtant bien avertie!

MORISSET. Alors, vous convenez vous-même qu'un soldat...

ANTOINETTE. Oui, Monsieur...

MORISSET. Vous l'avez suivi aux Porcherons; vous avez dansé avec lui.

ANTOINETTE. Oui, Monsieur.

MORISSET. Il vous a embrassée au milieu du bal.

ANTOINETTE. Oui, Monsieur.

MORISSET. Vous l'aimiez donc, ce soldat?

ANTOINETTE. Je crois que oui.

MORISSET. Et vous vous êtes enfuie avec lui.

ANTOINETTE. Oui, Monsieur.

MORISSET. Mais, malheureuse enfant, vous ne saviez donc pas...

ANTOINETTE. Je savais tout.

MORISSET. Quoi! vous saviez qu'en vous conduisant ainsi vous alliez perdre une fortune considérable?

ANTOINETTE. Oui, Monsieur.

MORISSET. Et cela ne vous a pas retenue?

ANTOINETTE. Non, Monsieur.

MORISSET. Alors, je n'ai plus rien à vous dire; la fortune de votre oncle revient tout entière à votre cousine pour sa bonne conduite.

ANTOINETTE. Pour sa bonne conduite!... Ah! tant mieux, Monsieur, tant mieux! (*Morisset sort par la droite.*)

SCÈNE VII.

ANTOINETTE, *seule*. Ah! ma pauvre marraine, qu'est-ce qu'elle va dire! je n'oserai plus jamais retourner dans notre village! mais lui! lui! quand je pense que mes prières n'ont pu l'empêcher d'aller risquer sa vie... et que peut-être en ce moment... oh! mon cœur se glace! et c'est pour moi!... pour moi!...

JOLI-CŒUR, *en dehors*. Brin-d'Amour, es-tu fou!...

BRIN-D'AMOUR, *en dehors*. Laisse-moi! je veux la revoir!

ANTOINETTE. C'est lui!... ah! merci, mon Dieu! merci! mais s'il me voit... s'il me parle, ici, dans cette maison... Ah! c'est de ce côté que le notaire... je ne suis déjà que trop compromise. (*Elle sort précipitamment.*)

SCÈNE VIII.

BRIN-D'AMOUR, JOLI-CŒUR, *entrant du fond*.

BRIN-D'AMOUR, *parcourant le théâtre*. Où est-elle?.. personne!..

JOLI-CŒUR. Ah! tu es insupportable.

BRIN-D'AMOUR. On l'a vue entrer dans cette maison.

JOLI-CŒUR. On ne fait pas courir un ami comme un barbet.

BRIN-D'AMOUR. Il faut que je la retrouve.

JOLI-CŒUR. Mais puisque tu es chez un notaire.

BRIN-D'AMOUR. Que je lui dise encore que je l'aime, que je l'adore,

JOLI-CŒUR. Le notaire!

BRIN-D'AMOUR. Il faut que je la voie... que je lui dise.

JOLI-CŒUR. Ah! c'est trop fort; on n'a jamais vu une girouette comme ce garçon-là. Ce matin il ne voulait plus aimer. Ce soir il est amoureux comme un fou... Que diable, moi aussi je suis amoureux. J'aime Toinon, Toinon m'aime, nous nous aimons... très-bien! mais nous ne nous cherchons pas. On peut très-bien s'aimer de loin.

BRIN-D'AMOUR, *qui ouvre plusieurs portes.*

Air : *Quel art plus noble et plus sublime.*

Elle est ici.

JOLI-CŒUR.

C'est une armoire.

BRIN-D'AMOUR.

Ou là, peut-être

JOLI-CŒUR.

Un cabinet!

BRIN-D'AMOUR.

Cette porte.

JOLI-CŒUR.

Une chambre noire.
Crois-moi, renonce à ton projet.

BRIN-D'AMOUR.

Non, de la trouver il me tarde,
Et, fouillant toute la maison
Je veux la chercher.

JOLI-CŒUR.

Prends donc garde!
Tu la cherches dans un carton!

BRIN-D'AMOUR. Ah! quand je devrais!..

JOLI-CŒUR. Chut! j'entends du monde.

BRIN-D'AMOUR. Ciel! elle, peut-être!

JOLI-CŒUR. Attends!.. (*Il entr'ouvre la porte de droite.*) Un long couloir assez obscur... mais je distingue un homme, ce doit être le notaire... il vient par ici... filons. (*Il entr'ouvre la porte du fond.*)

BRIN-D'AMOUR. Et sans l'avoir vue!

JOLI-CŒUR. Ciel! La Ripaillière et Toinon.

BRIN-D'AMOUR. Toinon! Ah! maintenant je reste...

JOLI-CŒUR. Es-tu fou? pour qu'on nous chasse...

BRIN-D'AMOUR. On vient! Je me cache! (*Il se jette dans le cabinet à gauche.*)

JOLI-CŒUR. Moi aussi! (*Il se blottit sous la table du notaire, à droite.*) Sapeurlotte! en voilà une, de position!

SCÈNE IX.

BRIN-D'AMOUR ET JOLI-CŒUR, *cachés*, MORISSET, LA RIPAILLIÈRE, TOINON, ANTOINETTE, DEUX CLERCS DE NOTAIRE.

ENSEMBLE.

MORISSET ET ANTOINETTE, *entrant par la droite*, LA RIPAILLIÈRE ET TOINON, *entrant par le fond.*

Air de *Couder.*

Attention! du testament
On va faire enfin l'ouverture!
Avec un grand recueillement,
Écoutez / Écoutons la lecture.

(*Pendant ce chœur, les deux clercs ont transporté le bureau au milieu du théâtre; Joli-Cœur qui est caché dessous a suivi le mouvement à quatre pattes.*)

LA RIPAILLIÈRE.

Enfin je vais donc hériter!

ANTOINETTE, *à part.*

Ils ne sont plus là, je respire.

LA RIPAILLIÈRE, *à part.*

C'est Toinon qui va me doter.

MORISSET.

Écoutez! je vais lire.

REPRISE.

Attention! du testament, etc.

(*Chacun prend place autour de la table sous laquelle est caché Joli-Cœur.*)

JOLI-CŒUR. Comment, ils vont rester là!..

MORISSET. Je commence : (*Lisant.*) « Moi, Jean-François-Eustache Jérôme, étant sain de corps et d'esprit, je donne et lègue ma fortune tout entière à mes deux nièces Antoinette et Toinon, mais à la condition qu'à l'ouverture du testament elles auront toujours été sages. »

JOLI-CŒUR. Oh! tiens! tiens! tiens!

BRIN-D'AMOUR, *qui a entr'ouvert la porte du cabinet pour écouter.* Une héritière!

MORISSET, *reprenant.* « ... Été sages; dans le cas où l'une d'elles aurait cessé de l'être, toute ma fortune appartiendra à celle qui en sera restée digne par sa sagesse. Dans le cas enfin où toutes les deux...

LA RIPAILLIÈRE, *l'interrompant.* C'est inutile... je sais que, dans ce cas-là, toute la fortune me reviendrait... mais voici la charmante Toinon dont je garantis la sagesse.

JOLI-CŒUR, *gaiement.* Oh! le brave homme!

MORISSET. Quant à vous, mademoiselle Antoinette, qui, d'après vos propres aveux, aimez un militaire...

BRIN-D'AMOUR. Qu'entends-je!

MORISSET. Qui avez dansé avec lui, vous êtes laissé embrasser par lui, avez même couru après lui; vous êtes déshéritée aux termes du testament pour avoir cessé d'être sage.

BRIN-D'AMOUR, *se montrant vivement.* Cessé d'être sage! elle!

TOUS, *moins Morisset.* Lui!

BRIN-D'AMOUR. Ce n'est pas vrai.

JOLI-CŒUR. Allons! bon!

LA RIPAILLIÈRE. Encore ce soldat?

JOLI-CŒUR. Nous voilà bien.

BRIN-D'AMOUR. Je serais cause qu'on la déshérite! elle qui s'est dévouée pour moi, elle, la plus sage, la plus honnête, la plus vertueuse des femmes!

LA RIPAILLIÈRE. A d'autres!

ANTOINETTE. Mais, mon Dieu, je ne comprenais donc pas? J'ai suivi Monsieur, c'est vrai, mais seulement jusqu'à la grille du jardin, où nous avions dansé, et là, je lui ai dit : Monsieur, si vous vous battez, ne reparaissez jamais à mes yeux ! Si, au contraire, vous me sacrifiez ce combat, je vous autorise à demander ma main à ma marraine.

LA RIPAILLIÈRE. Ta ! ta ! ta !..

JOLI-CŒUR, *caché.* J'ai envie de t'en donner des ta ! ta ! ta !..

BRIN-D'AMOUR. Mais, je ne me suis pas battu; je suis allé trouver mes camarades et je leur ai dit : vous me connaissez, je ne suis pas un lâche, mais Antoinette ne m'épousera que si vous consentez à tout oublier. Ils m'ont donné la main et c'est pour vous dire ça que je vous ai cherchée jusqu'ici !

ANTOINETTE. Vous ne vous êtes pas battu ! ah ! c'est bien ! c'est bien !

Air : *Dans ce castel, dame du haut parage.*

LA RIPAILLIÈRE.

Mais cette danse ?

BRIN-D'AMOUR.

Une innocente ruse
Pour m'empêcher d'aller au rendez-vous.

MORISSET.

Mais ce baiser ?

BRIN-D'AMOUR.

N'a pas besoin d'excuse,
A *la laitière* on doit s'embrasser tous.

LA RIPAILLIÈRE.

Mais sur vos pas elle s'est élancée.

BRIN-D'AMOUR.

De ma fureur elle a voulu
Sauver celui qui l'avait offensée
N'est-ce pas là de la vertu !

LA RIPAILLIÈRE. Chansons que tout ça ! et votre présence ici témoigne au contraire de sa connivence avec vous.

ANTOINETTE. Monsieur !

BRIN-D'AMOUR. Vous osez !

JOLI-CŒUR, *à part.* Je vais lui mordre les mollets !.. (*Les clercs enlèvent le bureau, et laissent à découvert Joli-Cœur, qui se croit toujours caché.*)

LA RIPAILLIÈRE. Le testament est formel : toute la fortune à celle qui aura toujours été sage... Et celle-là, c'est Toinon que je viens d'épouser.

JOLI-CŒUR, *toujours accroupi.* Oh ! si je n'avais pas peur de me montrer !..

LA RIPAILLÈRE. Et dont je saurai défendre la fortune.

ANTOINETTE. Vous venez de l'épouser, dites-vous ?

LA RIPAILLIÈRE. Oui, elle est ma femme légitime.

JOLI-CŒUR, *lui pinçant les jambes.* Ta femme !

LA RIPAILLIÈRE. Qu'est-ce que c'est que ça ?

JOLI-CŒUR, *se levant.* Ta femme, vieux gueux !

LA RIPAILLIÈRE. A la garde !

TOINON. Joli-Cœur !

ENSEMBLE.

Air de *Couder.*

LE NOTAIRE ET LA RIPAILLIÈRE.

Encore un militaire
Ah ! c'est vraiment affreux !
Eh ! quoi chez moi / le notaire
Ils viennent tous les deux !

JOLI-CŒUR ET BRIN-D'AMOUR.

Que ce nouveau mystère
Se révèle à nos yeux !
Ici, chez le notaire
Nous voilà tous les deux.

ANTOINETTE ET TOINON.

Encor ce militaire
Ah ! c'est vraiment affreux
Ici chez le notaire
Les voilà tous les deux !

SCÈNE X.

LES MÊMES, RAVINET.

RAVINET. Qu'y a-t-il donc ? Quel est ce bruit ?

LA RIPAILLIÈRE. Ravinet ! Ah ! le ciel soit loué ! voilà celui qui nous mettra tous d'accord. As-tu exécuté mes ordres.. as-tu suivi cette malheureuse ?

RAVINET. Je ne l'ai quittée qu'à la porte de cette maison, elle est montée ici et moi je suis entré dans l'étude pour achever mon procès-verbal.

LA RIPAILLIÈRE. Et qu'as-tu enregistré sur son compte ?

RAVINET. Qu'elle a voyagé avec moi, voilà tout.

LA RIPAILLIÈRE. Voilà tout ?...

RAVINET. Par exemple... voilà le procès-verbal qui concerne mademoiselle Toinon.

MORISSET. Donnez, s'il vous plaît.

LA RIPAILLIÈRE. Oh ! je suis bien tranquille, vous pouvez lire... (*A part.*) Allons, je n'aurai que la moitié de l'héritage !..

MORISSET, *lisant des yeux.* Ah !

TOUS. Quoi donc ?

MORISSET, *lisant haut.* « Item, le même jour « ladite mademoiselle Toinon avoir été trouvée « par nous, huissier, dans un bosquet des Porcherons avec ledit Joli-Cœur. »

JOLI-CŒUR, *à part.* Aie, aie, aie.

LA RIPAILLIÈRE. Comment ?

MORISSET. « Et ladite demoiselle avoir. »...

LA RIPAILLIÈRE. Ladite demoiselle ?..

MORISSET, *lui remettant le papier.* Ma foi, Monsieur, lisez vous-même.

LA RIPAILLIÈRE, *ayant lu.* Ah ! mon Dieu !

TOUS. Qu'y a-t-il donc ?

MORISSET. Il y a qu'aux termes du testament, mademoiselle Toinon n'hérite plus,

TOUS. Est-il possible?

LA RIPAILLIÈRE. Et je l'ai épousée! (*A Ravinet.*) Misérable animal!

RAVINET. Dame! vous m'avez dit de tout écrire.

MORISSET. A mademoiselle Antoinette toute la fortune.

LA RIPAILLIÈRE. Je proteste!

FINAL.

Air: *Ah! que je suis gentille.*

TOINON.

Quelle chance importune!
Oh! malheur inoui!
Me voilà sans fortune
Avec un vieux mari!
(*Pleurant.*)
Ah! ah! ah!
Marraine m'avait prédit ça!
Ah! ah! ah!
Non! rien ne me consolera!

ANTOINETTE, *parlé.* Toinon, je t'en prie, ne pleure pas, nous partagerons!

TOINON. Nous ne partagerons pas mon mari!

LA RIPAILLIÈRE. Qu'est-ce que vous dites?

TOINON. Ça ne vous regarde pas!

LA RIPAILLIÈRE.

Suite de l'air.

Dans mon étude je l'enferme.

ANTOINETTE.

Quoi! l'enfermer!

TOINON.

C'est une horreur!

JOLI-CŒUR, *à part.*

A son chagrin pour mettre un terme
Je me fais clerc de procureur!

LA RIPAILLIÈRE, *parlé.* Plaît-il?

JOLI-CŒUR. Ça ne vous regarde pas!

TOINON, *au public.*

Suite de l'air.

Messieurs, de l'indulgence,
Dans ma position,
J'ai grand besoin, je pense,
De consolation!
Ah! ah! ah!
Messieurs, à mon exemple, ici,
Ah! ah! ah!
Ah! laissez-vous séduire aussi!

LE CHŒUR.

Oui, soyez bons, et pour venir ici,
Ah! laissez-vous, Messieurs, séduire aussi.

FIN.

LAGNY. — IMPRIMERIE DE VIALAT ET COMP.

www.ingramcontent.com/pod-product-compliance
Lightning Source LLC
LaVergne TN
LVHW050507160826
845677LV00003B/984

* 9 7 8 2 3 2 9 6 4 5 2 8 5 *